KB193362

제이콥 이야기

제이콥 이야기

발행일   2024년 11월 11일

지은이   전정애
펴낸이   손형국
펴낸곳   (주)북랩
편집인   선일영   편집   김은수, 배진용, 김현아, 김다빈, 김부경
디자인   이현수, 김민하, 임진형, 안유경, 한수희   제작   박기성, 구성우, 이창영, 배상진
마케팅   김회란, 박진관
출판등록   2004. 12. 1(제2012-000051호)
주소   서울특별시 금천구 가산디지털 1로 168, 우림라이온스밸리 B동 B111호, B113~115호
홈페이지   www.book.co.kr
전화번호   (02)2026-5777   팩스   (02)3159-9637

ISBN   979-11-7224-367-8 03230 (종이책)   979-11-7224-368-5 05230 (전자책)

제이콥 이야기

전정애

북랩

서문

나는 2021년도에 네이버에 '제이콥 이야기'라는 카페를 만들어 글을 올린 적이 있다. 기독교에 대한 이해와 소통을 목적으로 카페를 만들었지만, 나의 미숙함 때문에, 또 무슨 이유에선지 카페가 정상적으로 운영되지 못했다. 그런 아쉬움 때문에 카페에 올렸던, 올리려 했던 이야기를 책으로 써 보기로 했다.

이 책을 읽으면서 그리스도인이라면 성경 말씀을 읽으며 깨닫게 되는, 오묘한 하나님의 섭리와 계획을 서로 알게 되기를 바라고, 전능하신 하나님의 뜻을 바르게 알고 분별하여, 더욱더 담대한 믿음을 가질 수 있는 계기가 되었으면 한다. 기독교에 대해 알고 싶은 사람이라면 이 책이 하나님을 보다 쉽게 이해하고 만나게 되는 통로가 되기를 바라면서, 우리가 곧 제이콥이요, 에서이며,

라헬이고, 레아이며, 성경에 기록된 여러 인물들의 삶이 또한 이 시대를 사는 우리의 모습이기에, 그들이 겪은 많은 일들이 우리의 삶 속에 거울과 길잡이가 되어 지혜로 이어지기를 바라고, 우리 삶을 주관하는 이가 누구인지를 깊이 생각해 보는 시간이 되기를 소망한다.

꽃들이 웃는다.

길을 가다 가만히 들여다보니,

한 올 스치는 바람에 잎사귀를 하늘거리며 웃는다.

담장 밑에서, 아스팔트 사이에서….

애잔해진 내게 꽃들은 한껏 더 환한 미소를 지으며 속삭인다.

"괜찮아요. 우리는 견딜 수 있어요. 그분이 그런 힘을 주셨답니다. 더 강인한 씨앗들도 남길 수 있는걸요. 우리를 봐 줘서 고마워요. 우리는 모든 힘을 쏟아 내 꽃을 피우거든요. 우리를 보아 준 당신의 얼굴은 우리 씨앗들 속에 새겨진답니다. 내년엔 반갑게 웃는 우리들을 보실 거예요."

목차

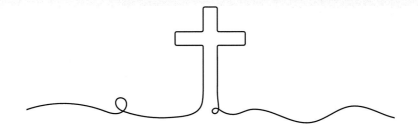

3장 삼손과 드릴라

4장 공지

5장 약속의 무지개

6장 신의 문(너희의 교만을 버리라)

7장 아브라함의 선택

8장 막간(천국에서 만나보자)

9장 부름 받은 기드온

1장

제이콥 이야기

제이콥 이야기

❖ 01 ❖

그는 누구인가?

   항상 많은 사람들의 관심의 대상이면서 또 의구심을 갖게 하며, 꼼수나 변명이나 실망이나 희망이나 좌절의 대상이기도 한 제이콥의 출생에 관하여는 논란의 여지가 있다.

   그의 아버지의 기도를 들은 섭리자의 응답을 통해, 쌍둥이였지만 그의 삶이 시작도 되기 전에 엄마의 복중에서 섭리자의 지명을 받아 선택된 사람이었고, 섭리자가 그의 부모를 통해 두 국민이 태중에 있으며, 두 민족이 태중에서 나뉘게 되고, 한 족속이 다른 한 족속보다 강하겠지만, 큰 자가 작은 자를 섬기게 되리라고 알려 주었던, 그렇게 어머니의 태중에서부터 섭리자의 부름 앞에 서게 되었으니 말이다.

   제이콥은 지금의 팔레스타인 남방 가데스바네아 인근 브엘라헤로이라는 우물이 있는 곳에서 태어났다.

❖ 02 ❖

그는 어떻게 자랐을까?

제이콥은 쌍둥이로 태어났으나 형인 에서는 몸이 붉고 털이 많고 기골이 장대해서 사냥에 능하였고 활달하며 거칠고 바깥 생활을 좋아하는 사람이었으며 아버지로부터 늘 칭찬을 받고 인정을 받았다.

제이콥은 형보다 왜소하고 유순하고 수줍음이 많고 소심한 성격이어서 때때로 형과 자신을 비교하며 열등감과 질투를 느끼기도 했다.

그리고 언젠가는 상황을 뒤바꾸려 형의 주위를 살피고 형의 성향과 약점을 공략하기 위해 기회를 엿보며 기다렸다. 어머니로부터 전해 들은 섭리자의 선택에 관한 신뢰와 섭리자의 지지에 대한 자부심은 있었으나 현실에서는 아버지의 지지를 받으며 늘 당당한 형을 바라보며 어머니의 사랑만큼은 지키고자 모든 집안일을 도우며 노력했고, 결과적으로 섭리자의 예견을 늘 잊지 않고 있었던 어머니로부터 그도 깊은 애정과 신뢰와 지지를 받았다.

그런 그가 어찌할 수 없이 받아들여야만 했던, 먼저 태어났다는 이유만으로 저절로 주어진 형의 장자권(아버지가 빌어주는 섭리자로부터 보장되는 복을 받을 권리)에 대해, 제이콥은 늘 부러워하며 갖고 싶어 했다.

사람들은 왜 자신이 갖지 못하는 것에만 더 집착하며, 아쉬움과 미련에 빠지게 되는 걸까?

쌍둥이로 태어나 그 간만의 차이로 장자권을 형에게 넘겨주어야 했기에, 제이콥은 그것을 인정하고 싶지 않았는지도 모른다.

어쩌면 섭리자의 축복을 늘 기다리고 원했기에, 형의 장자권을 그리 갖고 싶었는지도 모른다.

인생의 판단

인생의 흥망성쇠와 성공과 실패, 누가 우위를 선점했는가에 대한 평가를 우리는 무엇으로 가늠할 수 있을까?

수많은 오늘날의 제이콥들은 누구의 것을 그토록 갖고 싶어 섭리자의 눈을 피해 온갖 술수와 계략으로 자신을 이용하며 사는가?

제이콥이 자신의 방법으로 형으로부터 가져간 장자권, 그 선택의 결과를 우리는 곰곰이 따져 봐야 하지 않을까?

형과의 불화, 안전하고 평안한 부모 그늘의 사라짐, 떠돌이 삶과 속임 당하는 인생의 한복판으로 밀쳐 짐을 당하는 제이콥의 고난을 우리는 너무 쉽게 간과한 채, 결과만을 앞에 두고 그를 모방하며 사는 것이 정당하다고 얘기할 수 있을까?

그의 여정

제이콥은 섭리자의 계획과 인도 혹은 의도가 자신을 통해 어떻게 이루어지기를 바랐을까?

자신의 꾀로 형의 장자권을 팥죽 한 그릇에 쉽게 넘겨 받은 줄 알고 모든 것이 자기에게 주어지리라 생각했을 때, 형으로부터 닥쳐온 죽음의 공포와 부모의 그늘에서 황망히 떠나야 함은 그에게 어떤 슬픔이었을까?

섭리자의 공의는 모든 사람에게 공통적으로 적용된다는 사실을 오늘날의 많은 제이콥들이 뒷전에 두고, 모든 것이 자신들에게 맞춰 돌아가리라고 생각하며 자신들의 방법들을 고집하니 말이다.

구원과 삶에 대한 보응을 같은 관점에서 바라보는 것은 얼마나 큰 오판인지….

섭리자는 왜 선택을 받은 그의 편을 들어 형의 분노를 잠재우지 않으셨을까?

오늘날의 많은 제이콥들은 어디에서 섭리자의 인생들에 대한 인도와 목적하심을 알게 되었기에 그렇게 자기중심적인 오만과 편견을 갖게 되었을까?

선택을 받았다는 것에 대한 과도한 의미 부여를 통해 특권과 방종과 권모술수가 자신들에게는 타당하다고 여기는 오늘날의 많은 제이콥들이 반드시 경청해야 하고 기억해야 하는 섭리자의 공의는 자신을 따르는 모든 제이콥들에게도 동일하게 적용된다는 사실이다.

우리는 무엇 때문에 섭리자를 경외하고 신뢰하며 따르는가?

어머니의 주도로 피난처로 택한 외삼촌의 집에서 제이콥은 많은 시간을 힘겨운 노동에 시달려야 했다.

자신보다 더 권모술수에 능한 (몇 배나 더 잔꾀에 능한) 외삼촌 밑에서 온갖 노동에 시달리며 제이콥은 무엇을 생각했을까?

팥죽 한 그릇으로 산 장자권을 차지하려고 어머니와 짜고 교묘하게 속임수를 써서 아버지를 속이고, 아버지의 축복을 받아 낸 자신의 지난 일들을 되새겨 보았을까?

자신의 시기와 욕심으로 끊임없이 추구했던 축복의 의미를 슬픈 마음으로 읊조리지는 않았을까?

많은 시행착오 끝에 얻어지는 깨달음은 어쩌면 훨씬 더 값진 인생의 목적과 방향을 제시해 줄지도 모른다. 제이콥의 고난을 피해 가리라고 기대하는 오늘날의 수많은 제이콥들에게 섭리자는 분명하게 대답해 주고 싶지 않으셨을까?

섭리자의 공평과 공의는 그 어느 곳이든 그 누구에게든지 비껴가지 않는다는 것을….

그의 사랑

　외삼촌이 철석같이 약속을 했고 제이콥도 깊이 사랑하게 된, 외삼촌의 딸을 아내로 맞이할 수 있다는 부푼 꿈으로 제이콥은 칠 년을 하루같이 사랑하는 라헬을 위해 외삼촌에게 봉사했다.

　어쩌면 사랑이란 모든 시공간을 초월할 수 있는 기적의 산물인지도 모른다.

　칠 년을 힘들게 외삼촌을 위해 일하면서도 그곳에 그녀가 있어, 그 모든 날이 아름답고 행복한 설렘으로 웃을 수 있었으니 말이다.

　그런데 칠 년이 지난 후, 당연히 사랑하는 라헬과 결혼할 줄 알았던 제이콥은 외삼촌이 그를 속이고 신방에 들여보낸 그녀의 언니와 원치도 않은 첫날밤을 보내고 말았으니, 사랑에 대한 이보다 더한 죄책감과 좌절, 슬픔이 또 있을 수 있을까?

무지하고 사악하며 자신들의 이익만을 생각하는 냉정한 인간들에 의해 진실하고 사려 깊고 다정하며 올곧은 사랑이 이렇게 유린당하는 것을 우리는 어떻게 생각해야 할까?

제이콥이 겪은 곤혹스러움과 황당함을 뭐라 말해야 할까?

꿈결 같이 사랑하는 그녀와의 첫날밤을 생각하며 지내 온 지난날의 모든 시간들이 와르르 무너져 내리는 절망감이 제이콥을 분노와 좌절에 빠지게 했고, 더 이상 참을 수 없었던 제이콥은 외삼촌에게 원망을 쏟아 냈다. 외삼촌은 제이콥을 통해 주어지는 섭리자의 복을 자신의 것으로 만들며, 자신들의 산업이 날로 번창해 감을 알고 있었기 때문에 어떻게든 그를 붙잡아 두기 위해 그가 사랑하는 자신의 딸도 제이콥에게 아내로 준다는 약속과 함께 자신을 위해 더 일할 것을 종용했고, 결국 제이콥은 그곳에서 칠 년을 더 일하기로 약속을 해야만 했다. 분노와 실의에 빠진 제이콥으로 인해 모든 목축과 산업이 혼돈에 빠지게 됨을 걱정한 그의 외삼촌은 칠 일이 지나 제이콥이 사랑하는 라헬을 그에게 아내로 보냈고, 그 후 제이콥은 외삼촌 집에서 사는 날 동안 두 아내의 남편으로 살면서도 그는 라헬만을 사랑했다.

정직하고 진실한 사랑으로 맺어지는 아름다운 부부를 통해 이루어지는 가정과 그들을 통해 태어나는 자녀들은 얼마나 존귀하고 소중한 존재들인지….

음란함과 패역함으로 지나온 세대들의 무분별한 성문화와 마치 앞서가는 선진 문물인 양 분별없이 받아들인 이민족들의 저속한 성 개방 문화를 이용해 자신들의 이익과 욕심을 채운 파렴치한 인간들과 각종 매스미디어 속에 난무하는 상품처럼 과장되고 저속한 성 영상물들을 통해 왜곡된 성의식과 분별력을 갖게 된 미숙하고 젊고 어린 우리의 제이콥과 라헬들에게 이제 우리는 어떻게 사죄해야 할까?

방관자로, 스치는 자로, 비굴하게 동조하는 자로 침묵해야 할까?

가끔 섭리자의 묵인을 놓고, 그게 섭리자의 뜻이라고 생각하는 기회주의적 제이콥들은 일부다처가 섭리자로부터 주어진 것처럼 사람들을 속이려 한다.

땅 위에 번성하고 충만하라는 뜻을 따르는 것이라고, 교묘하게 자신들의 과오를 가리고자 하는 제이콥들도 있다.

그렇다면 섭리자께서는 왜 한 명의 아담과 한 명의 하와만을 에덴동산에 두셨을까?

❖ 06 ❖

그의 믿음

섭리자로부터 지목을 받고 사랑받는다는 의미는 무엇인가?

삶의 매 순간마다 섭리자의 눈과 귀가 그를 향하고, 그의 모든 상황 속에 개입하여 선한 길로 인도하며, 평안함에 거하도록 돌보아 주심이 아닐까?

그것은 또한 그의 삶이 섭리자 앞에 그대로 조명되는 것이기도 하다.

주어진 자유 의지를 통해 고민하고 선택하며 자신의 방법으로 자신의 목적을 성취해 갔던 제이콥은 비록 자기의 잔꾀와 속임수를 통해 형의 장자권을 빼앗고, 아버지의 축복을 가로챘지만, 제이콥은 인생의 흥망성쇠와 생사 화복이 섭리자로부터 비롯된다는 것을 늘 잊지 않고 살았다. 형에게 쫓겨 외삼촌이 있는 곳으로 머나먼 길을 떠나 헤매며, 홀로 잠들었던 곳에서 꿈을 통해 제이콥은 섭리자로부터 그에게 와 그의 자손에게 줄 큰 축복을 약속 받았고, 제이콥에게 주기로 약속한 축복이 제이콥에게 다 이루어지기까지 섭리자는 제이콥을 떠나지 않을 것임을 분명하게 듣게 되었다.

잠에서 깬 제이콥은 섭리자를 경외하며 베개로 삼았던 돌로 기둥을 세워 그 위에 기름을 붓고 그곳에 이름을 '벧엘'이라 하였다.

그리고 앞으로 자신의 삶 가운데 섭리자로부터 주어지는 복으로 그곳에 섭리자를 위한 전을 세울 것과 모든 복의 소유물 십분의 일을 다시 섭리자에게 돌리겠다고 서원했다.

❖ 07 ❖

그의 아내들

우리는 인생을 살아가다 보면 때로 자신의 뜻과는 무관하게 타인에 의해, 혹은 자신의 잘못된 선택을 통해서 예측할 수 없는 결과를 보게 된다. 제이콥이 외삼촌에 의해 맞이하게 된 두 아내 라헬과 그의 언니 역시 한 남자를 사랑하고 그에게 사랑받으며 함께 자녀를 낳고 키우며 서로의 삶을 의지하고, 곁에서 나란히 동행하기를 바라는 여자였기에 남편을 사이에 두고 서로에 대한 원망과 갈등이 끊이지 않았고, 자식이 많음에 시기하고, 사랑받음에 질투하며, 자신들의 여종들까지 남편에게 내어 주며 사랑을 쟁취하고자 다투었다.

누가 이들의 삶을 어리석다 할 수 있으며, 옳지 않다 평가할 수 있으며, 악하다 얘기할 수 있을까?

아버지로 인해 뒤틀린 자신들의 삶 앞에, 저들도 깊은 상처를 가지고 살아 냄의 한 방편이었는지도 모르기에….

시대의 모순과 아버지의 욕심과 고집으로 인한 잘못된 선택이 각기 다른 남자와 평안한 가정을 이루고 살 수 있었던 두 딸의 삶을 분쟁과 소용돌이 속에 몰아넣었다고밖에 말할 수 없지 않을까?

딸들의 분쟁을 보며 그녀들의 아버지는 어떤 생각을 했을까?

욕심에 눈이 먼 자신 때문에 그르친 딸들의 삶을 보며 미안해하기는 했을까?

섭리자의 침묵은 자신들의 욕망을 채우기 위해 자신들 스스로가 획책하고 모색한 삶의 결과에 대한 책임을 회피해서는 안 된다는 경고이자, 자신들의 과오를 뉘우쳐 다시금 섭리자의 인도와 그늘 아래 거하기를 바라는 사랑의 기다림은 아닐까?

그의 기업

제이콥은 외삼촌의 집에서 오랫동안 일했음에도 자신의 아내들과 태어난 자녀들, 거처 외에는 가진 것이 없었다.

그의 수고와 노력으로 얻어지는 모든 가축과 소산은 외삼촌과 그의 아들들의 소유가 되어 그들의 산업만 풍성해지고 번창하게 될 뿐이었다. 외삼촌의 두 딸의 남편으로 여러 명의 자녀를 둔 아버지로 최선을 다해 외삼촌의 가축들을 돌보아 산업을 키워 창대하게 만들었지만, 정작 제이콥 자신은 소와 양떼, 염소 떼는 물론이거니와 토지의 어떤 소산물도 자신의 몫으로 받지 못했다.

누군가가 누구로부터 혹은 가족들로부터 혹은 친밀함의 가면을 쓴 이들로부터 정당한 대가 없이 노동을 강요당하고 인간의 존엄성을 훼손당하고 정당한 권리를 빼앗긴다면 우리는 어떻게 해야 할까?

참고 순응하며 살아야 할까? 지키고 되찾기 위해 외치고 행동하며 살아야 할까?

외삼촌의 끊임없는 부당한 처우에도 자신의 아내들과 자녀들을 위해 묵묵히 견디며 지내 왔던 제이콥은 마침내 외삼촌에게 그곳을 떠나서 고향으로 돌아갈 것을 선언했다. 그러나 섭리자가 제이콥을 통해 주는 복이 자신들의 복이 된다는 것을 깨달으며 살았던 외삼촌은 그를 쉽게 돌려보낼 리 없었다. 자신의 딸들과 손자 손녀들과의 관계를 내세워 제이콥의 마음을 돌이키려 해 보지만 그대로는 더 이상 제이콥을 붙잡아 둘 수 없음을 알게 된 외삼촌은 결국 제이콥에게 품삯을 정하여 주게 되었다. 낮에 더위와 밤의 추위를 무릅쓰고 눈 붙일 겨를도 없이 외삼촌의 가축들과 산업을 돌보며 살았던 제이콥.

이십 년이 지나 제이콥이 그곳을 떠나기까지, 외삼촌과 그의 아들들은 열 번이나 그의 품삯을 번복하며, 제이콥의 몫을 빼앗고 그의 형통을 가로막았지만, 약속을 이루어 주는 섭리자의 응답과 도움으로 기지를 발휘하여, 제이콥은 크게 번창하게 되었고, 수많은 가축과 가산을 소유하게 되었고, 그 모든 소유와 가솔들을 데리고 섭리자의 뜻에 따라, 고향으로 돌아가게 되었다.

✤ 09 ✤

그의 형

부족함 없이 모든 것을 누리며 살다 보니 자신의 요구가 바로 바로 이루어지는 삶을 살았기에 참을성이 없고 신중하지 못하며, 자신의 상황만이 중요한 이기적인 사람이었을까?

잠깐의 배고픔을 견디지 못하고 동생의 팥죽 한 그릇을 얻어먹기 위해 쉽게 장자의 명분을 팔아 그 모든 권리를 제이콥에게 넘겨준 사람.

제이콥과 쌍둥이로 어머니의 태중에서 서로 다투었고, 작은 자를 섬기게 되지만 그 또한 큰 민족을 이루리라는 섭리자의 다른 목적과 계획 속에 태어난 제이콥의 형 에서이다.

나고 자라면서부터 아버지의 무한 애정과 지지를 받았고, 들로 산으로 다니며 사냥하기를 좋아해서 사냥해 온 고기로 아버지를 기쁘게 하는 아들이기도 했으나, 섭리자로부터 보장된 복을 받게 되는 아버지의 축복이 자신의 삶에 얼마나 큰 영향을 미치리라는 것을 뒤늦게 깨닫고 되찾으려 했지만 이미 모든 것은 제이콥의 것이 된 후였다.

동생의 잔꾀에 속아 장자권을 팔게 되고, 아버지의 축복도 빼앗겼다고 생각한 에서는 제이콥에게 앙심을 품고, 그의 아버지가 노회해 감을 기다려 제이콥을 죽이기로 결심했다. 우리는 때로 누구에 대한 원망과 미움 때문에, 그것에 사로 잡혀 자신의 삶의 방향과 목적을 잃어버리는 이들을 볼 때 안타까움을 느낀다. 우리는 자신에게 주어져 있는 것들에 대해 어떤 마음으로 살아 가고 있을까?

당연한 것처럼 여기고 살았고 미처 소중함을 깨닫지 못했기에, 때로는 어떤 이를 부러워하고 질투하며, 어떤 이를 업신여기고, 어떤 이를 미워하며, 자신의 상황이 변하는 것과 다름에만 반응하며 살고 있지는 않을까?

제이콥의 형 에서는 정말 동생의 잔꾀에 속아 장자권을 넘겨주었을까?

섭리자에 대한 경외와 신뢰함이 없었기에 아버지의 축복이 그리 소중하다고 생각하지 않았기 때문에 팥죽 한 그릇에 쉽게 동생에게 장자권을 넘긴 것이 아닌가?

형의 위협에 쫓겨 제이콥이 외삼촌 집으로 도망한 후, 모든 소유와 권리를 누리며 살았음에도 왜 동생에 대한 미움은 버리지 못했을까?

그도 자신에게 주어지는 것들은 당연한 것이라 여기며, 대수롭지 않게 생각하며 무시했던 동생의 형통과 축복은 인정할 수 없는, 교만과 시기심 때문은 아니었을까?

속인 자의 고난과 속은 자의 평온이 같지 않다고 속단하여 섭리자의 공평한 저울을 멸시하는 것은 얼마나 어리석은 일인가?

동생이 고향으로 돌아온다는 소식을 듣게 된 제이콥의 형은 사백 명의 장정들을 이끌고 제이콥을 만나러 오고 있었다.

❖ 10 ❖

그의 간절함과 절실함

　힘들었던 외삼촌의 집을 떠나 거부가 되어서, 아내와 자식들까지 동행하여, 그리운 부모 곁으로 돌아가는 제이콥의 마음은 얼마나 기쁘고 설렜을까?

　오랜 시간이 흘렀고, 형도 자식을 낳아 분주히 살면서, 부모와 평안한 삶을 살았을 테니, 자신의 어린 시절의 잘못은 용서해 주리라 생각하며, 그렇게 가벼운 발걸음으로 고향을 향하던 제이콥은 사람들을 앞서 보내 형의 여부를 알아보았다.

　그런데 그들이 돌아와 제이콥에게 알린 소식은, 보고 싶고 만나고 싶었던 형이 사백 명의 장정들을 이끌고, 자기를 만나러 오고 있다는 것이었다. 죄를 지은 사람은 언제나 그 잘못으로 인해 판단의 오류를 겪으며 괴로워하게 되는지도 모른다.

　제이콥 역시 한 때 욕심과 시기심에 눈이 멀어, 형을 속여 형의 장자권을 뺏고 축복을 가로챈 잘못 때문에, 사백여 명의 장정들을 거느리고 오는 형이 두려움의 대상이 됐고, 그를 고뇌하게 했다.

제이콥이 돌아온다는 소식을 들은 제이콥의 형 에서는, 왜 사백여 명의 장정들을 데리고 제이콥을 만나러 오는 걸까?

두렵고 답답한 제이콥은 형이 와서 한 떼를 치면, 다른 한 떼는 피할 수 있으리라 생각하고, 자기의 동행자들과 소떼와 양떼와 낙타를 두 떼로 나누었다.

그리고 지나온 세월 모든 순간마다 함께하며 자신을 선한 길로 인도하며 형통하게 하신 섭리자 앞에 형 에서의 손에서 자신을 건져 주기를 간절히 구했다.

제이콥은 자신의 두렵고 위급한 상황 앞에서, 이제는 자신의 꾀와 속임수를 모색하지 않고, 섭리자의 섭리를 신뢰하며 그에게 간구했다.

때로 우리는 섭리자의 도움을 간절히 바라며 요청했으므로, 우리의 역할을 다 했다고 생각하며, 그저 안일함으로 기다리는 어리석음에 빠질 때가 있다.

무언가를 간절히 얻고 싶고, 이루고 싶고, 찾고 싶다면, 우리는 섭리자의 도우심을 기대하며, 이뤄질 것에 대해 기쁨으로 감사하고, 성취하고자 하는 것을 위해 노력하고 행동해야 한다.

'하늘은 스스로 돕는 자를 돕는다.'는 속담은 자신이 바라고 원하는 것을 위해 스스로 최선을 다하는 사람에게, 섭리자의 도우시는 팔이 함께한다는 의미 아닐까?

제이콥은 도우실 섭리자를 신뢰하며, 자신이 가지고 있던 가축 떼와 가솔들을 여러 떼로 나누고, 형의 마음을 누그러뜨려 자신을 선히 대하기를 바라는 마음으로, 몇 차례 예물을 앞서 보냈다. 일행들을 먼저 보내고 아내와 자녀들까지 모두 얍복 나루를 건네 보낸 후, 제이콥은 홀로 남아 밤이 맞도록 섭리자의 도움을 바라며 간청했다.

그리고 하늘로부터 온 사람과 씨름하며 절실한 마음으로, 자신에게 축복을 해 줘야지만 잡은 손을 놓겠다고 떼를 썼다.

동이 틀 때가 돼서도 제이콥이 축복해 주지 않으면 손을 놓지 않겠다고 매달리자, 그는 제이콥에게 앞으로는 제이콥이라 부르지 않고, 섭리자와 사람들과 겨루어 이겼으므로, '이스라엘'로 불리리라는 새 이름을 주었다.

그리고 축복하지 않으면 놓지 않겠다는 제이콥의 환도뼈의 심줄을 쳤는데, 그로 인해 제이콥은 다리를 절게 되었다.

결국 축복을 받고 그를 보낸 제이콥은, 그곳에 단을 쌓고 그 이름을 '브니엘'이라 하였는데, 섭리자를 직접 대면하고도 살았음을 감사함이었다.

❖ 11 ❖

형과의 만남

제이콥은 만일의 사태에 대비하여, 가솔들을 순차적으로 나누어 그의 뒤를 따르게 했는데, 자신이 가장 사랑하는 라헬과 그의 아들 요셉은 맨 뒤에 배치하였다. 그리고 더 이상 지체하지 않고, 환도뼈가 상해 절뚝거리며 형을 마주하여 앞으로 나아갔다. 그리고 온몸을 낮추고 형 앞에 엎드리고 엎드리며 형의 처분을 기다렸다.

그의 형 에서의 눈에 제이콥은 어떻게 비춰졌을까?

긴 여로에 지치고, 형에 대한 두려움에 고뇌했고, 밤 새워 섭리자와 씨름하며 소진된 기운에, 다리를 절뚝거리며 다가오는 동생의 기막힌 모습에, 그는 놀라지 않았을까?

그런 동생의 모습을 보고, 동생을 향했던 그동안의 미움이 측은함과 가여움으로 변하여, 제이콥의 형 에서는 동생을 끌어안고

목을 맞대고 울었다. 제이콥도 그동안의 모든 두려움이 녹는 설움에, 형에게 안겨 함께 울었다.

섭리자의 공평한 섭리를 우리는 무엇으로 말할 수 있을까?

누가 누구에게 무엇을 함으로, 누구의 것을 가져갈 수 있으며 빼앗을 수 있나?

섭리자로부터 주어진 복과 그의 계획하심을, 인간의 욕심과 악함으로부터 비롯된 권모술수나 노략으로 바꾸고자 하여, 그것이 가능하다 한들, 그 끝에는 결국 헛된 일이 아닐까?

너희가 피리를 불어도 춤추지 아니하고, 애곡해도 울지 않는다 했던가?

섭리자가 가장 진노하는 것 중에 으뜸이 되는 몇 가지가 있다면 그것은, 부어 만든 것이나 손으로 만든 것에 절하며, 섭리자의 섭리와 계획 속에 지어진 하늘의 해와 달과 별들과 땅과 바다와 생물들에 절하며, 섭리자를 신뢰하지 않고 따르지 않는 것이며, 교만한 목과, 사람 사이를 이간하는 간사한 혀와, 거짓말하는 입과, 음란하고 가증한 행위가 아닐까?

듣기는 들어도 깨닫지 못하며 보기는 보아도 알지 못함은, 섭리자의 공의로운 보응의 칼이 시작되었기 때문은 아닐까?

들음으로 깨닫고 봄으로 알게 되는 섭리자의 사람들에게 임하는, 놀라운 일들을 우리는 보게 되지 않겠는가?

제이콥이 몇 차례 걸쳐 보낸 많은 예물에 에서는 자신은 이미 부모로부터 이어받아 풍족하므로 거절하지만 동생의 간절한 요청에, 그것을 받고 함께 가기를 권유했다.

그러나 제이콥은 긴장은 풀리기는 했으나, 형에 대한 의심을 완전히 풀지 못해 형을 먼저 가게 하고, 형이 남기고자 하는 몇 명의 장정들까지 거절하며, 형과 멀리 떨어지기를 원했다.

형의 위협 속에 도망자로, 외삼촌의 일꾼으로 곤고한 세월을 겪은 제이콥이 형을 믿지 못하는 것은, 어쩌면 당연한 일인지도 모른다.

우리 중에 누가 수많은 사람들, 그 서로의 관계 속에 상처받지 않는다 자신할 수 있을까?

상처를 받은 누군가가 분노하거나 누군가가 외칠 때, 우리가 쉽게 그 누군가를 판단하거나 비난하거나 멸시하는 것이 옳을까?

섭리자의 공평한 섭리와 공의로 인도함을 받고, 사랑으로 돌봄을 받는 우리 모두는, 섭리자의 피로 값 주고 산, 귀한 자녀들이라 칭함을 받을 권리를 부여 받았다.

현재를 사는 이 땅에 현명한 제이콥 들이여! 너무 쉽게 어떤 것을 규정짓고, 판단하며 비난하고, 외면하고 돌아서는 것이 당연하다고 말하지 않기를 요청한다.

그의 자녀들

우리가 얼마나 많은 편견을 가지고 사는지….

자신의 눈높이만으로 바라보는 편협한 관점으로 누군가를 이러하다 저러하다 평가하고 판가름함이란 참으로 부끄러운 일이 아닐까?

섭리자의 관점에서 우리는 너 나 할 것 없이 같은 출발선에서 달음질하여 달려갈 길을 달려가다가 종착지에 멈추어 서게 되는, 똑같은 삶의 주자들이다. 각자에게 주어진 삶의 시간을 스스로 경주하다가 마침내는 똑같은 곳에 다다르게 되는…….

우리 모두는 섭리자로부터 서로 각각의 다른 재능을 부여 받았다.

누군가는 지혜를, 누군가는 아름다운 마음씨를, 누군가는 관계의 형통을, 누군가는 통찰력을, 누군가는 포용력을, 그렇게 또 누군가는 또 다른 재능으로 다 각각의 잠재력을 발휘함으로써 다양한 삶을 펼쳐내며 놀라운 일들을 이루어 가는 섭리자의 걸작들이다.

제이콥은 네 명의 여인들을 통해 자녀를 낳았다. 그가 사랑한 라헬과 외삼촌의 간사한 꾀로 맞이하게 된 레아와 아내들의 두 여종들을 통해서 열두 명의 아들과 한 명의 딸을 얻었다. 장자 루벤을 비롯해서 라헬의 소생 요셉과 베냐민까지….

많은 세월에 걸쳐 우리는 누군가의 출생에 관하여 시시비비 하며 사람을 평가하고 몰아세우거나 외면하거나 편견을 갖고 살지 않았는가? 그것은 어쩌면 자신들의 부족한 면모들을 그런 것으로 압박하여, 자신들보다 앞서는 이들의 길을 방해하며, 자신의 길과 이익을 유지하려 했던 못난이들의 꼼수는 아니었을까?

그것은 섭리자의 용납을 멸시하는 것이다. 섭리자는 누구를 대하여 그의 출생이 천하거나 귀하다 가름하지 않았음을 우리는 기억해야 한다.

보편적이고 정당한 가정에서 태어나는 아이들이 더할 나위 없이 귀하다면, 여러 가지 불합리한 상황들에 의해 태어나는 아이들 또한, 섭리자의 용납하심을 입고 태어난 귀한 자녀들인 것이다.

제이콥의 열세 자녀인 라헬에게서 태어난 요셉과 베냐민, 레아에게서 태어난 루벤과 시므온과 레위와 유다와 잇사갈과 스블론과 디나, 라헬의 여종 빌하에게서 태어난 단과 납달리, 레아의 여종 실바에게서 태어난 갓과 아셀 역시, 누구를 인하여 출생하였음을 구별 받지 않고 각자 자신들을 향한 섭리자의 계획과 인도 아래 제이콥의 축복을 받아, 복과 도우심을 입으며 살아갔음을 기억해야 한다.

섭리자의 인생들에 대한 인애는 참으로 크고 놀랍다. 가끔 우리는 부모들의 잘못된 편애가 소중한 자녀들에게, 상처와 갈등을 가져오게 되는 것을 보게 된다.

부모들 역시 연습 없는 인생을 살다 보니 때로는 미숙하고 무지해서, 섭리자로부터 의탁 받은 소중한 자녀들임에도 상처를 주게 됨에 미안함과 안쓰러움을 느낀다.

13

그의 정착

제이콥은 형이 돌아간 후에 천천히 나아가다가 숙곳에 이르러 그곳에 집과 우릿간을 지어 여로에 지친 자신과 동행들과 가축들을 쉬게 했다.

그리고 평안히 약속의 땅 가나안에 이르러 세겜성 앞에 장막을 치고 그 밭을 하몰에게 백 크시타에 사서 거기에 자신을 그곳까지 무사히 인도하신 섭리자를 위해 제단을 쌓고 '엘엘로헤이스라엘'이라 불렀다.

섭리자의 공평한 섭리 앞에 서 있지 않은 이가 누구일까?

바람이 어디로 왔다 어디로 가는지, 태양은 온 세상 위에 어찌 그리 홀로 빛날 수 있으며, 하늘의 뭇 별들은 또 어찌 그리 반짝일 수 있는지, 물은 어디에서 시작되어 창수를 이루며, 바다의 경계를 정하여 묶으신 이가 누구인지, 숨쉬는 순간마다 모든 인생들의 호흡을 주관하시는 이는 누구인지, 이 모든 것이 우리를 향한 섭리자의 섭리 가운데 운행되는 것임을 부인할 수 있을까?

❖ 14 ❖

그의 시련

평안할 때 겸비하며 평안할 때 망대를 세우라 했던가?

약속의 땅에 이르러 형으로부터의 두려움과 모든 곤고함으로부터 놓여 평안히 거주하던 제이콥의 가솔과 동행자들은 점점 생활이 해이해졌고, 섭리자를 향했던 마음과 시선을 돌려 그 땅 이방 민족들의 생활을 흉내 내며, 이방 신상들을 받아들이는 잘못을 범했다.

레아의 딸 디나가 그 땅의 딸들을 구경하러 나갔다가, 그 땅 히위족속 세겜으로부터 능욕을 당하는 수치를 겪었다.

그 후에 세겜은 디나를 자기 집에 두고 디나에게 연연하며 아버지 하몰을 통해 제이콥에게 디나를 아내로 맞이하기를 간청했다.

오늘날도 이와 같이 어리석고 졸렬하며 자기애에 빠져 분별력 없이 행동하는 세겜들이 얼마나 많은가?

이미 겁탈로 인한 깊은 상처로 자존감이 나락으로 떨어지는 모멸감을 경험한 사람에게, 사랑을 운운하는 것은 얼마나 터무니없는 말인가?

다른 이의 감정이나 상처는 아랑곳하지 않는 착각에 눈이 먼 세겜들이 참으로 우리를 어이없게 하지 않는가?

현재를 사는 순수하고 귀한 우리의 디나들이여! 그것을 사랑이라고 말하지 않기를 바란다.

그것은 따뜻하고 사려 깊으며 다정하고 바른, 진실한 사랑에 대한 모독이며, 위선자의 변명이라고밖에 말할 수 없다.

세겜의 아버지 하몰은 제이콥을 찾아와, 자기들과 제이콥의 집안이 서로 딸들과 아들들을 혼인하게 하며, 산업을 통용하고 그 땅에 살며 땅을 매매하며 기업을 얻으라 하였다. 그리고 어떤 혼수와 예물이라도 다 주겠으니, 세겜의 청혼을 받아 달라 요구했다.

그러나 자신들의 동생이 이방 족속 세겜으로부터 수치를 당하고, 그 성에 있다 함을 들었던 제이콥의 아들들은 그들의 청을 수락한다는 것은 자신들에게도 수치라 생각하고 그들의 뜻대로 하겠다고 속여 그들에게 할례를 받게 한 후에 그들의 움직임이 둔하여 전쟁을 할 수 없는 틈을 타, 그들의 성을 급습하여 하몰과 세겜을 비롯해 그 성의 모든 남자들을 쳐서 죽이고 그 땅의 가축과 재물 그리고 여자들과 어린아이들을 사로잡고, 동생 디나를 집으로 데려왔다.

누군가의 범죄는 누군가의 상처와 분노가 되어 참담한 결과로 이어지게 될 수 있음을 우리는 잊지 말아야 한다.

참으로 얼마나 비참한 결과인가? 이 엄청난 상황에 제이콥은 커다란 두려움과 아들들에 대한 노여움으로 아들들을 크게 책망하지만 이미 돌이킬 수 없는 일이었다.

그 땅의 많은 이방 사람들이 그 소식을 듣게 된다면 그들이 연합해서 제이콥을 대적할 것이 불을 보듯 뻔한 일이었다.

커다란 위험과 난관에 부딪히게 된 제이콥은 자기 집안 사람과 자신과 함께하는 모든 사람들을 돌아보며 섭리자 앞에 엎드렸다.

연합한 이방 사람들이 제이콥을 치면 자신과 모든 가솔들과 일행들이 죽음을 면치 못하게 되었음에 제이콥은 섭리자께 간절히 부르짖었다.

인생들의 끊임없는 어리석음에도 섭리자의 크신 인애로 돌보아 주심을 입을 때, 우리는 어떻게 감사하지 않을 수 있을까?

형을 피해 도망가던 때에 그 빈 들에서 함께하며 소망의 약속을 주었던 섭리자께서는 제이콥에게 다시 벧엘로 올라가 그곳에 제단을 쌓으라 명하였다. 제이콥은 자기 집안 사람과 자기와 함께한 모든 사람들에게, 그들 중에 있는 모든 이방 신상과 우상들을 내어 버리게 했다. 그리고 그들의 몸과 마음을 정결하게 하고,

음란하게 치장했던 고리들도 빼 버리고 의복을 바꾸어 입게 하였다.

그리고 섭리자의 명대로 벧엘로 올라가 환난 날에 응답하시며 그가 가는 모든 길에 동행하셨던 섭리자 앞에 제단을 쌓고, 그곳을 '엘벧엘'이라 불렀다.

제이콥이 함께한 모든 이들과 벧엘을 떠남에도 섭리자는 그 사면 고을들로 두렵게 하여 그들을 추격하는 사람들이 없게 하셨다.

❖ 15 ❖
라헬과의 이별

약속의 땅에 도착하여 평안을 누리며 정착했던 곳에서 다시금 여장을 꾸려 떠나야 했던 제이콥은 그 행로에서 많은 삶을 함께 하며 끝까지 사랑했던 라헬을 떠나보내야만 했다.

라헬이 베냐민을 낳다가 산고 끝에 죽음을 맞은 것이다. 삶의 여정에서 늘 함께하고, 사랑했으며, 정들고 익숙했던 사람과의 기약 없는 이별이란 얼마나 큰 슬픔일까?

미처 마음을 다잡을 겨를도 없이 겪는 갑작스러운 이별은 더욱 그러하리라. 참으로 안타까운 것은 인생들의 모든 일들이, 원인 없는 결과가 얼마나 될까?

아버지 집을 떠나며 라헬은 집안의 드라빔(작은 신상)을 훔쳤다.

라헬은 제이콥이 받은 많은 복이 집안의 신당에 놓인 손으로 깎아 만든 드라빔 때문이라고 생각했을까?

그 사실을 알지 못한 제이콥은 자신의 길을 막아선 외삼촌 라반을 향하여 그것을 가진 사람은 죽음을 맞게 되리라 저주하였으니, 우리가 섭리자의 뜻과 은혜와 인도하심을 깨닫고 알게 되는 것 또한 섭리자의 주권 아래 있음을 우리는 인정해야 한다.

✤ 16 ✤

그의 삶

인생의 여정을 가는 동안 우리는 수많은 사람들의 삶도 목도하게 된다. 누구라서 확신할 수 있을까마는, 어느 누가 똑같은 길을 가는 이들을 보았다 얘기할 수 있을까?

섭리자는 우리 모두를 다양한 각각의 역할을 가진 삶의 주인공으로 무대 위에 세우셨다. 주어진 무대 때문에 너무 우쭐하거나 자만하지도, 좌절하거나 실망하지도 말 것은, 섭리자를 신뢰하며 자신의 무대에서 최선을 다한 사람은 그가 누구이든지, 섭리자의 아낌없는 사랑과 박수를 받으며, 그의 손을 잡고 무대를 내려오게 될 것이기 때문이다.

라헬과 이별하고, 기럇아르바의 마므레에서 아버지 이삭도 죽어, 자기 열조에게로 돌아가매 제이콥과 그의 형 에서가 그를 장사하였다.

형 에서와 제이콥은 두 사람의 소유가 풍부하고 가축이 많아, 그 땅에 함께 거주할 수 없게 되어 에서도 그곳을 떠나 세일산으로 가서 거주하였다. 제이콥은 가나안 땅, 곧 그의 아버지가 거류하던 땅에 자신과 자녀들과 함께 정착하여 살게 되었다.

제이콥

제이콥에게서 한 명의 딸과 열두 명의 아들이 태어났다.

이스라엘의 열두 지파가 제이콥의 자녀로 세우심을 입었고, 섭리자의 약속을 따라 제이콥의 후손들은 그 수를 헤아리기 어려울 만큼 생육하고 번성하였으며, 섭리자의 동행하심으로 많은 기적과 이사를 보았고, 그의 후손을 통하여 세계 모든 민족들이 죄사함을 받는 구원의 역사가 이루어졌다. 섭리자는 모든 인생들의 연약함을 돌아보시고 큰 사랑과 긍휼로 심판의 날에 우리가 믿고 의지할 구원자를, 제이콥의 후손을 통해 보내신 것이다.

제이콥은 아버지 이삭이 거류하던 땅에 정착하여 그곳에서 살아가는 동안에도 큰아들 루벤의 범죄로 인한 노여움과 사랑하던 라헬의 소생 요셉을 시기하여 그의 형들이 그를 애굽에 팔아 넘기고 그가 죽었다 하여 한없는 슬픔을 겪기도 했으며, 오랜 세월

끝에 애굽에 총리대신이 된 요셉을 다시 만나 그 아들과 반가움과 기쁨으로 십칠 년을 함께 애굽에서 살았고, 때가 됨에 모든 아들들을 불러 축복한 후 자신의 몸을 반드시 약속의 땅 가나안으로 가져가 장사할 것을 맹세케 하고, 백 사십 칠 세를 일기로 이 땅에서의 모든 여정을 마쳤다.

자신에게 주어졌던 섭리자의 시간대로 파란만장 했던 삶의 모든 것을 내려놓고 섭리자의 인도를 따라 그의 열조에게로 돌아간 것이다.

현재를 사는 이 땅의 모든 제이콥들이여! 자신에게 주어진 시간, 부여 받은 재능, 주어진 역할들을 어떻게 경영하고 활용하며 살아가야 할지를 깊이 숙고 해 보기를 바라며, 섭리자 앞에서 당당하고 자신 있게 대답할 수 있기를 기대해 본다.

2장

목동 데이빗 이야기

제이콥 이야기

❖ 01 ❖

목동 데이빗

아주 먼 옛날 베들레헴에 데이빗이라는 한 소년이 살았다. 낮에도 밤에도 데이빗은 들로 산으로 험한 골짜기를 다니면서 아버지의 양들을 치느라 바쁜 시간을 보내야 했다. 때로는 목숨이 위태로운 순간을 맞기도 하며….

어느 날은 지팡이를 가지고, 어느 날은 물 맷돌을 가지고, 위험한 사자나 곰으로부터 양들을 지켜내느라 힘썼다.

데이빗에게는 일곱 명이나 되는 많은 형들이 있었지만 그들은 아버지가 양을 치라 하면,

"네, 아버지. 하지만 저는 오늘 바쁜 일이 있어요."

"저는 오늘 친구들과 먼 곳에 가기로 했어요."

"저는 오늘 사냥을 하러 가야 해요."

"저는 필요한 것을 사러 가요."

핑계를 대며 서로 미루기 일쑤였다.

큰형 엘리압은 자신의 일을 핑계로 동생들에게 그 일을 떠넘기고, 그들도 핑계를 대다 보니 막내인 데이빗이 들로 산으로 양을 치러 나가는 날이 많았다.

그러나 비록 형들이 핑계를 대며 미루어 자신에게 일이 주어져도, 데이빗은 최선을 다해 아버지의 양들을 돌보며 지키기 위해 노력했다.

어쩌면 그의 형들은 양들이 잘 자라고 번성해야, 자신들이 누리는 모든 것과 평안이 주어진다는 것을 외면하고 싶었는지도 모른다.

허름한 옷을 입고 거친 벌판에서 양들과 함께 노숙도 해야 하는 험한 일은 자신들의 격에는 맞지 않는다 생각하며 회피하고 싶었는지도 모른다.

용무가 분주한 자신들에게는 볼품없는 목동의 지팡이는 어울리지 않는다 생각하며 무엇을 정말 우선해야 하는지 간과하고 싶었는지도 모른다. 데이빗은 아버지의 양들이 아버지와 자신과 함께하는 모든 이들에게 어떠한 존재인지를 잘 알고 있었기에 양들을 지키고 돌보는 일을 가벼이 여기거나 소홀히 하지 않았다.

❖ 02 ❖

섭리자와 함께

성실한 목동 데이빗이 양들 사이에 누워 칠흑 같은 밤하늘을 바라볼 때, 쏟아질 듯 반짝이던 수많은 별들 속에는, 외로운 데이빗을 지켜보던 섭리자의 눈도 있었으리라.

아버지의 양들을 지키다 잠든 피곤한 데이빗 곁에는 밤새워 인자함으로 보호하신 섭리자가 계셨으리라.

험한 골짜기와 산을 지날 때 위험한 사자가 달려들어 데이빗이 휘두른 지팡이와, 포악한 곰이 쫓아올 때 데이빗이 돌린 물 맷돌에도 섭리자의 능하신 손이 함께 하셨으리라.

아버지의 양을 아끼며 신실하게 돌보는 목동 데이빗을 흐뭇하게 바라보신 섭리자께서 그의 삶을 통하여 놀라운 일들을 이루실 뜻을 섭리하셨으리라.

❖ 03 ❖

사무엘과의 만남

여느 날과 다름없이 들로 산으로 다니며 푸른 풀을 찾아 먹이고 잔잔한 물가를 찾아 마시게 하며 양떼를 돌보느라 바쁜 데이빗에게 아버지가 보낸 사람이 찾아왔다.

"아버지께서 집으로 오시라고 하십니다."

"무슨 일로 부르시는데요?"

"형님들만 보실 줄 알았는데 성읍에서 오신 손님이 막내아들도 불러오라 하셨대요."

"그리고 아버님께 막내아들이 올 때까지 식사도 하지 않고, 기다리고 계시겠다 말씀하셨다고 하니 빨리 양들을 불러모아 돌아가셔야 해요."

아버지가 급히 찾으신다는 그의 말에 데이빗은 서둘러 양떼를 몰아 집으로 돌아갔다. 그리고 자신을 부르러 왔던 사람을 따라 성읍 사람들과 장로들이 모여 제사하는 성전으로 갔다.

성전 문 앞에서 평소와 다르게 긴장한 표정으로 자신을 기다리는 아버지에게 데이빗이 여쭈었다.

"아버지, 무슨 일이에요?"

"저분이 누구시길래 저희를 다 부르시는 거예요?"

"데이빗, 옷매무새를 정갈하게 다듬고 저분 앞에 나가 인사를 드리거라. 이스라엘에 섭리자의 뜻을 알려주시고 우리를 인도하시는 선견자 사무엘이시란다."

데이빗은 소문으로만 들었던 섭리자의 사람 사무엘을 직접 볼 수 있게 된 것이 조금 두렵기도 했지만 기쁜 마음에 얼굴이 상기된 채, 그의 앞으로 나아갔다.

"평안을 빕니다. 사무엘님, 저는 아버지 이새의 막내아들 데이빗입니다. 저를 부르신다는 말씀을 듣고 들에서 양을 치다 급히 뵈러 왔어요."

데이빗이 고개를 들자 그는 아무 말 없이 미소를 지으며 찬찬히 데이빗을 살펴보았다. 그리고 고개를 끄덕이며 자리에서 일어나, 데이빗에게 손을 내밀었다.

누구를 향하여 섭리자는 구원의 뿔을 드는가? 누구를 향하여 그의 능하신 손의 권능을 베푸는가?

정직하고 진실하며 자신이 맡은 일에 최선을 다하며, 주어진 문제를 회피하지 않고, 올바른 생각과 의지를 가지고 적극적으로 방안을 모색하며, 용기와 신념을 가지고 노력하는 사람. 그를 통해 섭리자는 택하신 목적과 놀라운 계획을 이루어 가리라.

❖ 04 ❖

블레셋에 맞서

이스라엘과 블레셋 사이에 전쟁이 벌어져 형들이 모두 전쟁터로 나가고 데이빗은 사울 왕에게 왕래하며 아버지와 양을 치고 있었다.

"데이빗, 네 형들에게 다녀오너라."

"전쟁 중에 네 형들이 어떻게 지내고 있는지 안부를 물어 증표를 가지고 오너라."

"예, 아버지. 제가 가서 형들의 형편이 어떤지 보고, 돌아와 말씀드릴게요."

아버지 이새의 말씀을 따라 데이빗은 아버지가 전하라는 짐을 나귀에 싣고 전쟁터로 향했다.

그리고 만나는 사람들에게 길을 물어 블레셋과 마주해 엘라 골짜기에 진을 친 이스라엘 군영에 도착했다.

물품을 보급하는 사람에게 짐을 맡기고 블레셋 군과 맞서 대열을 갖춘 이스라엘 진영으로 달려가 형들을 만나 반갑게 안부를 물었다.

"형님들, 어떻게 지내셨어요? 별고 없으시지요?"

"데이빗, 네가 여기까지 어쩐 일이야. 아버지는 잘 지내고 계시느냐?"

"예, 아버지는 무탈하시지만 형님들 걱정을 많이 하셨어요. 그래서 저보고 형님들이 어찌 지내시는지, 여부를 알아 가지고 오라 하셨어요. 형님들이 주릴까 봐 볶은 곡식과 떡도 보내시고 천부장님께 드릴 치즈도 보내셨구요. 형님들 다 괜찮으시지요? 전쟁은 어찌 되어 가요?"

데이빗이 형들에게 안부를 물으며 이야기를 나누고 있는데, 블레셋 진영에서 커다란 고함소리가 들려왔다.

"이스라엘 졸개들아, 누구든지 와서 나와 싸우자. 만일 너희가 보낸 자가 이겨 나를 죽이면 우리 블레셋이 너희 종이 되고, 내가 그자를 죽이면 너희가 우리의 종이 되어 우리를 섬기거라. 알았느냐? 이 겁쟁이 놈들아."

큰 소리로 이스라엘을 모욕하는 말을 듣고 데이빗은 화가 치밀어 올라, 그가 누군가 하여 진영을 헤집으며 앞으로 뛰어나가 보니, 건너편 블레셋 진영 앞에 창자루가 기둥같이 큰 창을 든 블레

셋의 거인 장수 한 사람이 놋투구와 비늘갑옷에 놋으로 만든 각
반을 차고 전신을 무장한 채, 이스라엘군을 조롱하며 서 있었다.

"에휴, 저 블레셋 장수 놈이 또 나와서 우리를 조롱하네."

"우리 중에 누가 나서질 못하니 저놈이 더 기고만장해 저러는
구먼."

"누구든지 나가서 저놈을 죽이면 사울 왕이 많은 재물을 주고
사위도 삼고 모든 세금을 면제해 준다는데, 나가봐야 죽기밖에
더하겠어?"

"그러게나 말이야."

옆에 있던 병사들이 뒤로 물러나며 수군거리는 소리에 데이빗
은 노여운 마음으로 그들에게 다가가서 물었다.

"저자가 그리 무서운 자입니까?"

노기에 찬 데이빗의 물음에 병사들은 이구동성으로 말했다.

"블레셋 장수 골리앗이라고 정말 무서운 놈이야."

"아무리 그렇다 해도 저자가 우리 군대를 이렇게 조롱하는데,
다들 그냥 보고만 계십니까?"

"궁에서 온 장수들뿐 아니라 천부장이며 병사들까지 저자에게
대적하여 싸웠지만 결국 다들 죽거나 도망하기 바빴는데 우린들
어쩌겠나?"

"감히 우리 군대를 저리 모욕하다니 제가 나가서 싸우겠어요."

"아이고, 자네 같은 소년이 어디를 겁도 없이 나서

얼른 뒤로 가서 숨기나 하게."

데이빗을 찾던 큰형 엘리압이 그가 병사들에게 하는 말을 듣고 크게 노하여 데이빗을 꾸짖었다.

"데이빗, 전쟁이 장난인 줄 아느냐? 치던 양들은 누구에게 맡기고 와서 여기서 헛소리를 하고 있는 거냐? 전쟁 구경이 재미있어?"

"그게 아니라 형님, 저자가 이스라엘을 조롱하며 함부로 지껄이고 있잖아요. 그런데도 아무도 나서지 않으니까 제가 나가 싸우겠다는 거예요."

"저자는 장수 중의 장수인데 네가 나가 싸운다고? 이 철딱서니 없고 교만해 빠진 녀석아, 쓸데없는 소리 그만하고 당장 집으로 돌아가거라."

"섭리자께서 함께하시는 우리 군대를 저리 모욕하는데 그냥 돌아갈 수 없어요. 제가 나가서 반드시 이겨서 저자가 더 이상 입을 열지 못하게 할 거예요."

주변의 많은 병사들이 데이빗과 그의 형이 언쟁하는 것을 보고, 상관들에게 알리자 사울에게 보고가 올라갔다.

"데이빗이라는 어린 청년이 골리앗과 싸우겠답니다."

사울이 그를 데려오라 하니, 그의 신하들이 데이빗을 사울 앞으로 나가게 했다.

"네가 저 블레셋 사람과 싸우겠다 했느냐?"

"예, 할례 받지 않은 저 블레셋 사람이 살아 계신 섭리자의 군대를 모욕하는 것을 그냥 두고 볼 수 없습니다."

"저자는 어려서부터 용사였던 자인데, 소년인 네가 어찌 그와 싸우겠느냐?"

"염려하지 마십시오. 아버지의 양들을 지킬 때 사자나 곰이 와서 새끼양을 물어 가면 제가 따라가서 그것을 치고 그 입에서 새끼양을 건져냈고, 사자나 곰이 일어나서 저를 해치고자 하면 제가 그 수염을 잡고 쳐죽였습니다. 섭리자의 군대를 모욕하는 저 블레셋 사람이 용사 중의 용사라도 제가 그 짐승들처럼 죽일 것입니다."

"저자는 참으로 무서운 용사인데 정말로 나가 싸우겠단 말이냐?"

"섭리자께서 저를 사자의 발톱과 곰의 발톱에서 건져 내셨은즉, 저 블레셋 사람의 손에서도 반드시 건져내 주실 것입니다."

"나가 싸우거라. 섭리자께서 너와 함께하시기를 바란다."

몇 번을 만류해도 결의에 찬 대답으로 나가 싸우겠다 함을 들은 사울 왕은 싸우기를 허락하고 데이빗에게 자신의 투구와 군장을 모두 내주어 입게 하였다. 그러나 데이빗은 군장이 너무 커서 움직이는 것이 불편하여 사울 왕에게 아뢰어 모두 벗어 놓고 매끄러운 돌들을 골라 주머니에 넣고 손에는 막대기와 물매를 가지고 블레셋 사람 앞으로 나아갔다. 데이빗이 나아 옴을 보고 블레셋 장수 골리앗이 방패 드는 사람을 앞세우고 마주하여 가까이 나와 둘러보다가 자신을 대적하여 싸우러 나온 사람이 소년임을 보고 데이빗을 멸시하며 말했다.

"참으로 불쌍하구나. 이스라엘에 그리 사람이 없어 너 같은 소년이 나를 대적하러 나왔느냐? 고작 막대기 하나와 물매를 들고 겁도 없이 나와 싸우러 나오다니 네가 나를 개처럼 생각하였느냐?"

"네 이놈 오너라. 내가 오늘 너를 죽여, 네 살을 공중의 새와 들짐승들의 먹이가 되게 하리라."

호령하는 블레셋 사람 앞에 당당히 마주 서서 데이빗도 큰 소리로 외쳤다.

"당신은 칼과 창과 단창으로 나와 싸우러 나왔으나, 나는 천하 만국을 다스리는 섭리자의 이름으로 싸울 것이다. 이스라엘군을 모욕하는 당신을 섭리자께서 오늘 내 손에 넘기시리니, 내가 당신의 목을 베고 블레셋 군대의 시체를 새와 짐승들의 먹이가 되게 하여 이스라엘과 함께하시는 섭리자를 온 땅이 알게 할 것이다. 전쟁은 섭리자께 속하였은즉, 섭리자께서 오늘 나를 도우셔서, 내가 반드시 당신을 죽일 것이다."

"네 이놈, 단칼에 죽이리라."

블레셋 사람이 눈을 부릅떠 포효하며 창과 방패를 들고 데이빗을 치려고 나올 때 데이빗은 주머니에 있는 돌을 물매에 넣고 블레셋 사람을 향하여 달려가며 있는 힘껏 내던졌다.

그러자 순식간에 데이빗이 던진 돌이 블레셋 사람의 이마 중앙에 박혀, 그 블레셋 장수가 땅을 울리며 엎어졌다.

데이빗은 재빠르게 달려나가 블레셋 사람을 발로 밟고, 그의 칼을 칼집에서 빼내어 그의 머리를 베어 버렸다.

자신들의 용사가 눈앞에서 죽는 광경을 보게 된 블레셋 병사들은 겁에 질려 들로 산으로 도망가느라 정신이 없었다.

"와 아, 저 블레셋 놈들이 도망가고 있다."

용맹하게 적군 장수를 물리치는 데이빗을 보고 이스라엘군이 환호하며 블레셋 사람들의 뒤를 쫓아가 치니 그날에 블레셋 군의 시체가 산을 이루었고 공중의 새와 들짐승들의 먹이가 되었다.

모든 피조물 가운데 그분의 형상대로 구별하여 지으신 이 땅의 모든 백성들을 향하여 섭리자께서는 지금도 묻고 계신다.

"뉘게서 온전한 경외함을 보겠으며, 뉘게서 신실한 믿음을 찾겠느냐?"

아주 먼 옛날 베들레헴에 섭리자를 경외하며, 양들을 아끼고 신실한 마음으로 돌보는 목동이 있었으니, 그 목동과 언제나 동행하고 지키시며 놀라운 계획을 이루셨던 섭리자께서, 오늘, 섭리자를 신뢰하며 다양한 모습으로 각각의 양들을 돌보며, 정의롭

고 용감하게 성실하고 당당하게 자신들의 삶을 살아가는 현재의
많은 데이빗들에게도 섭리자의 능하신 손은 반드시 함께하시고,
눈동자 같이 지키시고 동행하시며 놀라운 뜻과 계획을 이루어
가시리라.

3장

삼손과 드릴라

모태에서부터 나실 인(거룩함으로 구별된 사람)으로 구별되어 섭리자의 소명을 받아 태어난 사람이 있었으니, 태어나면서부터 그의 머리에 삭도를 대지 말 것과 그를 임신한 어머니는 독주와 포도주를 마시지 말며 어떤 부정한 것도 먹지 말라 하시고 이스라엘을 위하여 친히 택하여 구별하신 사람이 있었다.

삼손이라 불렸으며 섭리자의 영이 함께하시므로 사자 새끼를 염소 잡듯이 찢으며 여우 삼백 마리를 잡아 꼬리에 홰를 달아 적국 블레셋의 들과 곡식을 불사르며 나귀 턱뼈 하나로 천명의 블레셋 사람을 쳐서 멸하는 능력의 사람이 있었다.

그가 소렉 골짜기에 드릴라라 이름하는 여자에게 미혹되어, 돈의 유혹에 넘어가 블레셋과 내통하는 여자에게 빠지게 되었으니, 블레셋 사람의 지시를 받아 여자가 삼손에게 비밀을 알아내려, 갖은 아양을 떨며 삼손에게 매달렸다.

"삼손, 당신의 그 엄청난 힘은 어디에서 나와요? 어떻게 하면 당신이 힘을 쓸 수 없게 되는지 내게만 가르쳐 줘요."

"허허 참, 그걸 뭘 알려하시오."

"삼손, 당신의 비밀을 나도 같이 알고 싶어요."

"그거 참, 마르지 않은 새 활줄 일곱 가닥으로 나를 결박하면 나도 약해져 힘을 못 쓴다오."

삼손의 말을 듣고 여자가 블레셋에 알렸으나, 블레셋 사람들의 결박이 허사였다.

"삼손, 정말 이러기예요? 당신을 사랑하는 내 마음을 몰라주다니⋯. 당신의 그 비밀을 나도 꼭 함께하고 싶어요. 삼손, 말해줘요."

"허허허, 그게 왜 그리 궁금하다는 거요? 한 번도 쓰지 않은 새 밧줄로 나를 묶으면 힘을 못 쓴다오."

그 말을 듣고 여자가 또 블레셋에 알렸으나 역시 허사였다.

"삼손, 미워요. 나를 사랑하기는 해요? 흐흐 홍, 진짜 궁금하단 말예요. 그 비밀이 뭐예요?"

"아이구 참, 내 머리털 일곱 가닥을 베틀 실과 함께 짜면 힘을 못 쓴다오."

"삼손, 내가 당신을 얼마나 사랑했는데, 나한테 이래요? 나를 사랑하지도 않으면서 희롱했어요? 흐흐 혹, 내가 당신과 얼마나 함께하고 싶었는데 내 맘을 이렇게 몰라주다니⋯."

드릴라의 끊임없는 요구에 번뇌하던 삼손은 결국,

자신의 비밀을 드릴라에게 알려주게 되었다.

"나는 모태에서부터 섭리자의 나실 인이었기 때문에 지금까지 내 머리에 삭도를 대지 않았소. 만일 내 머리카락이 잘리면 내게서 힘이 떠나가고 약해져서 일반 사람들과 같이 된다오."

드릴라라 이름하는 여자가 삼손을 꼬드겨 자신의 무릎을 베고 잠들게 한 후에 삼손의 머리를 밀었는데 괴롭게 하여도 정말로 그가 힘을 쓰지 못하므로 여자가 블레셋 사람에게 연통을 하니 블레셋 방백들이 돈을 가지고 여자에게로 왔다.

"어머나, 삼손, 블레셋 사람들이 당신을 잡으러 왔어요. 어디 힘 좀 써 봐요."

섭리자의 영이 이미 자기에게서 떠난 줄을 알지 못한 삼손이 잠에서 깨어, "내가 블레셋 놈들을 가만히 둘까?" 소리치며 떨쳐 일어나 싸우려 하였으나, 힘없이 블레셋 사람들에게 결박되어 붙잡히게 되었다. 결국 블레셋 사람들에게 눈을 뽑히고 옥에 갇혀, 놋 줄에 연결된 채 맷돌을 돌리는 짐승 같은 처지가 되었다.

비참한 옥살이의 시간이 흐르고 그의 머리털이 다시 자라기 시작할 즈음 블레셋 방백들이 이르기를, "우리의 신이 우리 원수 삼손을 우리 손에 넘겨주었다." 하고 그들의 신으로 불리는 다곤을 세운 신전에 모여 큰 제사를 지내고 즐거워하였고 함께 모인 블레셋 백성들도 삼손을 조롱하여 이르기를, "우리 땅을 망쳐 놓고 우리의 많은 사람을 죽인 원수를 우리의 신이 우리에게 넘겨

주었다." 하며 자기들의 신을 찬양하였다.

홍에 겨운 블레셋 사람들이 삼손을 끌어내어 자신들을 위해 재주를 부리게 하매 삼손이 블레셋 사람들 앞에서 재주를 부릴 때, 신전에는 남녀가 가득하고 블레셋의 모든 방백들도 거기 있었고, 지붕에도 삼천 명이나 되는 많은 사람들이 삼손의 재주를 지켜보고 있었다. 그들이 삼손을 다곤 신전의 두 기둥 사이에 두고 한 소년이 그를 인도하게 하였는데, 삼손이 자기 손을 붙든 소년에게 신전을 버티는 기둥에 자신을 의지하게 해 달라고 부탁하 매, 소년이 그 기둥을 찾아 삼손을 거기에 의지하도록 해 주었다.

"섭리자시여, 간절히 구하오니 저를 불쌍히 여기셔서, 이번 한 번만 저를 강하게 하사 저의 두 눈을 뺀 블레셋 사람들에게 단번에 원수를 갚게 하여 주소서."

삼손이 간절히 부르짖으며 신전을 버틴 두 기둥을 양팔로 끌어안고, "블레셋 사람들과 함께 죽기를 원하노라." 큰 소리로 외치며 온 힘을 다해 몸을 굽히자, 신전이 곧 크게 무너져 그 안에 있던 블레셋 모든 방백들과 백성들이 모두 삼손과 함께 죽임을 당하였다.

이에 역사에 기록되기를, 삼손이 죽을 때 죽인 자가 살았을 때 죽인 자보다 더욱 많다 하였으니, 슬프다, 시대의 소명자로 전능하신 섭리자의 택함을 받았던 이여! 능하신 팔로 인도하시던 섭리자의 뜻을 져버리고, 세상의 음란과 교만으로 제길 따라가더니, 원수들 사이에 최후를 맞아 안타까이 스러져 갔구나.

우리는 섭리자로부터 주어진 많은 달란트를 가지고 태어났다.

독특한 창의력과 놀라운 순발력, 뛰어난 관찰력과 무한의 세계를 상상할 수 있는 상상력, 사람의 마음을 느끼는 여러 가지 감정에 대한 이해와 소통의 능력, 계획을 세우고 규칙을 만들며 옳고 그름을 분별하는 양심과, 그것들을 스스로 선택할 수 있는 의지와 지혜를 비롯해서 우리가 미처 깨닫지 못함에도 발휘되는 놀라운 능력들까지.

우리는 참으로 많은 것을 부여 받은 존귀한 사람들인 것이다.

섭리자께서는 자신의 형상대로 우리를 지으시고, 다양하게 주어진 각자의 능력들을 발휘하며 함께 선함과 바름을 경주하고, 세상을 관리하고 경영하며 서로 협력하여 형통하며, 마음을 나눠 사랑하고 함께 즐거워하며, 존중과 격려를 아끼지 않는 따뜻하고 안전한 세상과, 맘껏 꿈을 펼칠 수 있는 공정하고 아름다운 세계를 이루어 가도록 바라셨을 텐데, 우리의 이상향이 멀게만 느껴지는 것은 무엇 때문일까?

무책임하고 사악한 이들에 의해 벌어지는 만행들에 침묵하며, 순간의 쾌락과 이기심, 잠깐의 욕망과 욕심, 교만한 편견을, 마치 삶의 목표인 양 가치화해 우리를 혼란에 빠뜨리는 이들의 논리를, 그저 무능하게 수긍했기 때문은 아니었을까?

4장

공지

창조주

세상에(지구상에) 어떤 과학적 근거와 이론으로도 우주와 지구 상의 존재하는 모든 것들이 여호와 하나님께서 지으신 것임을, 부정할 수도 반박할 수도 없다.

지구의 모든 생물과 무생물들은 오래전에 창조주 하나님의 계획을 통해 지어졌으며 그 모든 만물은 그분의 섭리대로 운행되고 있다.

심지어는 시간의 흐름, 해와 달과 우주의 행성들까지도 그분의 섭리 아래 자전과 공전을 반복하며 낮과 밤을 구별하여 존재하게 하신 것이다. 히스기야가 죽게 되어 돌이켜 회개하며 하나님께 간절히 부르짖을 때, 그의 기도와 눈물을 보신 하나님께서 히스기야의 생명을 연장해 주실 표징으로 아하스의 해시계에 나아 갔던 해 그림자를 뒤로 십 도 물러나게 하셨고, 여호수아가 아모리 사람과 전쟁 중에 하나님을 의지하여 해와 달을 향해 외칠 때, 하나님께서는 태양을 기브온 중천에 머물러 있게 하시고 달을 멈추게 하심으로 여호수아가 승리하게 하셨음은, 하나님께서는 우리의 날과 년 수도 주관하시며 해와 달을 통해 피조물들의 쉼과 활동을 조절하는 도구로 사용하시는 분임을 알 수 있다.

하나님이 창조하신 모든 피조물들을 활용하고 누리며 살게 하시고, 감사와 기쁨을 가지고 그것들을 돌보고 유지해 가도록 우리를 하나님의 형상대로 지으심도 우리를 향하신 하나님의 목적과 사랑과 기대가 얼마나 크신지를 말씀하심이다.

세상의 어떤 피조물보다도 심히 좋으셨던 피조물,

친히 우리를 지으시고 하나님의 생기를 불어넣어 하나님의 영으로 충만한 사람으로 영혼을 가지고 살게 하시고, 하나님의 계속되는 창조사역에 참여하게 하시며, 한량없는 사랑과 보호와 때를 따라 도우시는 은혜로, 우리가 평안히 살아가기를 바라셨던 하나님.

경배와 찬양을 받으시기에 합당하신 전능하신 창조주, 그분이 바로 여호와 하나님이신 것이다.

수 세기에 걸쳐 우리는 똑같은 피조물인 사람들의 증명되지 않은 주장과 논리로 지어낸 세상의 허다한 학문과 과학의 이론들이, 참된 진리를 왜곡하여 우리를 혼란에 빠트릴 때, 그 세상의 초등학문이 삶의 진리요 해답인 것처럼, 우리의 생각의 틀을 차단하고 그것을 신봉하여, 정작 우리의 모든 삶을 주관하시며 섭리하시는 전능하신 창조주 하나님을 배역하며 참된 진리를 부정하는 인생들이 되었다.

신을 배제하고는 성립할 수 없는 아이작 뉴턴의 법칙

모 방송사에서 방영하는 한 TV 프로를 시청하다가 한 과학자가 여러 가지 과학이론의 법칙과 공식을 설명하면서 뉴턴이 제2법칙(F=ma)을 통해 신의 영역을 없앴다고 하는 얘기를 듣고 실소를 터트리고 말았다. 그리고 그 이야기를 들으면서 아무런 의혹을 제기하거나 의심하지 않고, 몇 가지 기호와 공식을 제시하며 설명하고 그러므로 그게 참이고 진실이라고 말하는 과학자의 말에 연신 고개를 끄덕이며, 마치 과학자와 같은 레벨의 지식수준에 도달하게 되어, 같이 신의 영역을 없앤 것처럼 미소 지으며 수긍하는 사람들을 보고, 안타까움을 금치 못했다.

우리는 왜 누군가가 기호 몇 개가 들어간 공식을 제시하며 믿으라면, 그렇게 쉽게 고개를 끄덕일까?

어떤 이론이 성립하기에는 기본적으로 어떤 조건들이 주어져야 한다는 것을 배제하는 것은 얼마나 모순이며 허구인가?

뉴턴이 신의 영역을 없앴다는 말이 얼마나 오류요 모순인지를 굳이 설명해야 할까? 만유인력의 법칙과 뉴턴의 그 놀랍다는 제2법칙은 각자의 중력과 인력을 가지고 거의 일정한 규칙을 따라 공전과 자전을 하는 지구와 달과 우주의 행성들이 없다면 발견하거나 적용될 수 있는 이론인가?

오늘날 우리가 뉴턴과 같은 과학자(?)라고 말하는 사람들의 -- 솔직히 나는 발견자들이라고 말하고 싶다. 왜냐하면 이미 주어지고 존재하는 현상과 규칙들을 무심히 넘긴 사람들과 다르게, 그들은 호기심과 연구로 찾아내었으니…. --

그러한 발견과 연구와 노력을 통해 공식이 만들어 지고 그들의 호기심과 노력 덕분에 오늘날 우주산업이 발달하여, 인공위성이 띄워지고, 우주정거장이 만들어지고 하는 것은, 그들이 문명의 발전에 기여한 공으로 인정해 줘야 하겠지만, 뉴턴과 같은 과학자라고 말하는 이들이, "신의 영역을 없앴다."고 하는 교만한 망언에 대해서는 비웃음이 나올 수밖에 없음은, 그 모든 이론이 가능하게 한 신의 영역을 그들은 없앨 수도 부정할 수도 없기 때문이다.

한 가지 더 덧붙여 말하자면, 슈퍼 컴퓨터의 공간에서 허구나

허상의 세계를 만들어 낼 수 있음도 실제가 존재함을 모티브로 형성될 수 있다는 것을 말해 두고 싶다.

또한 우리는 현재에 실존하는 사람들이며, 우주만물을 지으신 이도 실존하시는 전능하신 창조주 하나님이심을 분명하게 말한다.

❖ 03 ❖

찰스 다윈의 이론은 참인가?

　우리는 학교에서 과학과 생물 시간을 통해 다윈에 의한 인류의 시작에 관한 이론을 바탕으로 정말 다윈의 주장처럼 한 원시 유인원이 진화되어 오늘날의 사람이 되었다고 생각하며 우리 자신과 영장류들과의 공통점과 차이점을 언급하며 그 이론에 수긍하며 살았다.

　어디로부터 왔는지 어떻게 생성되었는지는 모르지만, 어떤 한 유인원 나칼리 피테쿠스가 생겨나고, 그 유인원이 점차 진화를 거듭해 오늘날의 우리 모습을 갖춘, 호모 사피엔스가 되었다고 배우고 점수를 받아야 함에, 어떤 의구심도 없이 머리에 입력시키고 시험지에 다윈의 진화론을 O나 X로 맞히거나, 번호를 고르거나, 선을 연결해서 정답을 맞혀야 했다. 찰스 다윈의 이론의 시작은, 그것이 바이러스 건, 단세포 아메바이건, 어떤 원소이건, 무엇이든 간에 한 종에서 오랜 세월에 걸쳐 변이와 진화를 통해 인류와 동식물이 생겼다는 가설인데, 언제 어디서 어떻게 어떤 이유로 존재하고 있었고 왜 변이와 진화의 과정을 거치게 되어 유인원 나칼리 피테쿠스가 되었는지는 모른다는 것이 그의 이론의 맹점이다.

다윈의 이론이 사람은 자기가 속한 사회나 환경의 영향을 받으며, 그 영향으로 성격이나 발달의 속도, 언어와 행동이 달라질 수 있다는 것을 알게 됨은 연구 성과라 인정해 주더라도, 종의 기원에 관한 이론은 참이 아닌 가설, 즉 거짓이다.

인류 기원에 관한 혹은 변화에 관한 종의 기원, 진화론, 돌연변이, 용불용설, 이유를 알 수 없는 빅뱅에 의한 우주 자연 발생과, 그 과정에서 무기물이 측정할 수 없는 어떤 압력이나 충격이나 열로 유기화합물이 되어 오랜 세월에 걸쳐서, 또 어떤 이유인지는 알 수 없으나 진화의 과정을 거쳐 사람과 동식물이 되었다든지, 바이러스에 의한 알 수 없는 변이과정을 통해, 혹은 기초 단세포의 변이를 통해 오랜 진화과정을 거쳐 인간과 기타 동식물이 되었다고 하는 등등의 이론들을 그 속에 우리가 어려워하는 핵 융합이나, 분자나 원소의 특이한 조합이나, 독특한 성질을 가진 물질을 들먹이며, 그러므로 그것이 인류나 지구와 우주의 시작이라고 주장하는 많은 자연과학자들의 이야기 그 모든 가설과 그들이 도출해 낸 논리에는 -- 언제, 어디서, 왜, 무슨 이유로 발생했거나, 존재하고 있었는지 알 수 없지만 -- 이라는 단서가 반드시 붙어야 한다.

인생들의 모든 일들을 조금만 살펴보아도, 사람은 창조주 여호와 하나님의 계획 속에 창조된 피조물이며, 모든 인류는 창조주 여호와 하나님을 통해 지어진 처음 사람 아담과 하와의 후손임을, 어느 누구도 부인할 수 없다.

아담과 하와의 자손인 인류가 홍수 심판 이후 바벨의 경고를 통해 전 세계로 흩어져 살게 되었고, 서로 다른 언어를 쓰며, 각기 다른 삶을 살게 되었어도 창조주를 배역하며 범죄하면서도, 창조주 하나님께로부터 지음 받은 인간들의 깊은 내면에는 자신들의 창조주를 향한 경외심의 흔적이 남아 있기 때문에, 죄를 짓게 될 때 죄책감과 두려움을 느끼게 되어 있다.

그러나 전능하신 창조주 하나님의 사랑과 보호를 받아야만 생명을 유지할 수 있는 한없이 연약한 존재들임에도, 그것을 망각한 일부 사악한 인간들은 자신들의 죄와 방탕함과 무질서를 '자유'라는 이름으로 포장하며, 창조주 하나님에 대한 진실을 왜곡시키고, 잘못을 인정하기 싫어 발버둥 치며, 전능하신 창조주 하나님을 부인하는 교만과 어리석음 때문에 찾아온 두려움과 괴로

움, 상실감과 공허함을 가리기 위해, 과거와 현재를 아울러 인류
가 존재하며 살고 있는 세계 곳곳에서는 밑도 끝도 없이 전해지
는 수많은 신화 속 주인공들을 등장시켰다. 그렇게 만들어 낸 난
센스의 산물들을 신이라, 시조라 지칭하며 스스로를 세뇌하고
속이면서, 자신들의 손으로 만들어 세우고도 그 듣지도 보지도
움직이지도 못하는 터무니없는 우상들에게 복을 달라고 빌며 절
하고 있다.

❖ 04 ❖

내가 너희와
우주 만물을 창조하였다

"아담아, 어디 있느냐?"

"동산을 거니시는 하나님 앞에, 제가 벗었으므로 부끄러워하여 동산 나무 사이에 숨었습니다."

"나의 형상대로 지은 네게 나의 생기를 불어넣어 네 영혼과 육의 호흡으로 생명을 주고 능력으로 충만하게 하여 내가 창조한 이 땅의 모든 만물을 다스리고 관리하며 누리고 살게 하였거든, 아담아, 너를 지은 나의 뜻을 거역하고 높아지고자 하였느냐?"

인류는 하나님의 형상대로 지음 받은 처음 사람 아담과 하와의 후손이다. 모세의 기록을 통해 창조주 하나님께서는 우리 인생들의 시작을 분명하게 알려주시고 창조주 하나님을 향한 경외와 신실함으로 하나님의 사랑과 보호와 인도하심과 때를 따라 돕는 은혜를 덧입어 에덴의 평안을 누리며 살게 하셨다. 그리고 이 우주 만물이 다 창조주 하나님께로 말미암아 창설되었음도 분명하게 가르쳐 주셨다. 창조주의 뜻을 따라 기쁨과 감사함으로 순종하며, 에덴동산의 평안을 누리며 살았더라면, 우리는 얼마나 행복하고 즐거운 순례자들이 되었을까?

이 땅 위에서 자행되는 온갖 불의와 악행과 흉악한 범죄와, 전쟁의 참혹함을 볼 수도 알 수도 없이, 서로를 사랑하고 의지하며 함께 선함을 경주하며 살아가는 참 평온하고 아름다운 순례자들이 되지 않았을까?

온 우주와 세계가 공허와 어둠뿐이고 아무것도 존재하지 못하던 때에 창조주 여호와 하나님께서 하늘과 땅을 지으셨다.

태초에 땅은 아직 모양을 갖추지 않아 혼돈하고 어둠이 깊은 물로 덮여 있어 그 위에 운행하시던 하나님께서, "빛이 있으라." 말씀하심으로 빛이 생겨나고 그 빛과 어둠을 나누어 빛을 낮이라, 어둠을 밤이라 부르셨다.

이렇게 첫날이 밤과 낮으로 지나갔다.

하나님께서 또 말씀하시기를, "물과 물 사이에 궁창이 있어 물과 물 사이가 나뉘라." 하시자 그대로 되었고 지으신 궁창을 하늘이라 부르셨다.

 셋째 날이 이르러 여호와 하나님께서, "하늘 아래 있는 물이
한곳으로 모여 뭍이 드러나라." 하시자, 그대로 되매, 그 뭍을 땅
이라, 물이 모인 곳을 바다라 부르시고, "땅은 풀과 씨 맺는 채소
와 각기 종류대로 씨 가진 열매 맺는 나무를 내라." 하시매 모든
땅이 풀과 채소와 나무로 충만하였다.

 "하늘의 창공에는 빛나는 광명체가 생겨 밤과 낮으로 나뉘게
하고, 징조와 계절과 날과 해를 이루게 하며 땅을 비추라." 하시
며 말씀으로 명하여 지으신 큰 광명체로 낮을 주관하게 하시고,
작은 광명체로 밤을 주관하게 하시며 별도 하늘 창공에 두어 땅
을 비추게 하심으로 그 광명체들로 밤과 낮을 주관하게 하시며,
빛과 어둠을 나누게 하셨다.

 지으신 광명체로 정하신 곳에 필요를 따라 명하여 두시던 때
가 나흗날 밤과 낮으로 지나가고, 다섯째 날에 여호와 하나님께
서, "바다에는 물고기들이 생겨 번성하고 땅 위와 하늘 창공 아
래에는 새들이 날으라." 하시고 큰 바다 짐승들과 물에 움직이는
모든 생물들을 그 종류대로, 가축을 그 종류대로, 땅에 기는 모
든 것을 그 종류대로 만드시고 이르시되, "나의 형상을 따라 사
람을 만들고 그 사람으로 바다와 물고기와 하늘의 새와 가축들
과 온 땅과 땅에 기는 모든 것을 다스리게 하자." 하시고 남자와

여자를 창조하시고 그들에게 이르시기를, "자식을 낳고 번성하여 온 땅에 퍼져서 땅을 정복하라. 바다와 물고기와 공중의 새와 땅 위에 움직이는 모든 생물을 다스리라. 내가 온 지면의 낱알을 내는 풀과 모든 채소와 씨 가진 열매 맺는 모든 나무를 너희에게 주노니 너희의 먹을거리가 되리라." 하시고, "땅의 모든 짐승과 하늘의 모든 새와 생명이 있어 땅에 기는 모든 것에게는 내가 모든 푸른 풀을 먹을거리로 주노라." 하시니 그대로 되매, 창조주 하나님께서 지으신 모든 만물을 흐뭇하게 바라보시며, 심히 기뻐하셨다. 그렇게 여섯째 날 밤과 낮이 지나고, 하늘과 땅과 그 가운데 있는 모든 것이 창조주 여호와 하나님의 뜻대로 다 이루어졌으니, 하늘과 땅과 바다와 그 가운데 모든 만물을 지으신 순서가 이와 같음이라. 일곱째 날에 여호와 하나님께서 모든 일을 멈추시고 쉬심으로 안식하시고 그날을 거룩하게 하여 복을 주셨다. 이는 하나님의 형상대로 지음 받은 사람과 지으신 모든 것들이 하나님께서 복 주신 안식일에 쉬며 회복과 평안을 얻게 하시기 위한 것이었다.

✤ 05 ✤

아담과 하와

　모든 사람의 선과 악을 달아 보시며 공평과 공의로 판결하시는 분, 선과 악의 기준을 정하시고 그 선과 악을 통치하시는 분도 전능하신 창조주 여호와 하나님이시다.

　하나님께서 동방의 에덴이라는 곳에 동산을 창설하시고, 지으신 처음 사람 아담을 그곳으로 인도해 살게 하셨다.

　에덴 동산에는 그 땅에서 보기에 아름답고 먹기에 좋은 열매 맺는 온갖 나무가 나게 하셨고 동산 중앙에는 생명나무와 선악을 알게 하는 나무도 돋아나 있었다. 하나님께서는 아담이 에덴 동산의 모든 것을 돌보게 하시고 에덴의 모든 것들을 아담이 원하는 대로 하게 하셨지만, 한 가지를 금하시며 아담에게 주신 말씀이 있었다.

"에덴 동산에 있는 나무 열매는 무엇이든지 다 마음대로 따 먹어라. 그러나 동산 중앙에 있는 선과 악을 알게 하는 나무 열매만은 따 먹지 말아라. 그것을 먹는 날에는 반드시 죽으리라."

아담이 평안히 에덴 동산에 살기를 바라셨던 하나님께서는 혼자 있는 아담을 위해 에덴 동산의 흙으로 빚은 들짐승과 새들을 아담에게 데려다 주시고 아담이 이름을 붙이게 하셨는데 그가 뭐라 부르는지 보고 계셨다. 이때 아담이 동물 하나하나에 붙여 준 것이 그대로 동물의 이름이 되었다. 모든 동물은 대부분 다 암수로 지어졌는데, 아담이 홀로 지내는 것을 보시던 하나님께서 아담을 깊이 잠들게 하시고, 그의 갈빗대 하나를 취하시고 그의 몸을 살로 메워 원래대로 만드시고, 그의 갈빗대로 사람을 만드신 다음 아담에게로 데려다 주셨다. 아담이 하나님께서 데리고 오신 사람을 보고 큰 소리로 외치기를, "이는 정녕 내 뼈에서 나온 뼈요, 내 살에서 나온 살이로다. 남자에게서 나왔은즉 여자라 부르리라." 하고 돕는 배필로 주신 여자 이름을 하와라 부르니, 창조주 하나님께서 지으신 처음 사람 아담과 하와가 이렇게 모든 산 자, 즉 인류의 아버지와 어머니가 되었다. 또한 창조주께서는 이로써 남자와 여자가 부모를 떠나서 한 몸을 이루어, 남편과 아내가 되고 남편과 아내는 서로를 자신의 몸과 같이 아끼고 사랑하며 함께 자녀를 낳고 부모가 되어 살게 하신 것이다.

안타깝게도 인류의 조상인 아담과 하와는 창조주 하나님의 사랑과 보호를 받으며, 창조주 하나님으로부터 부여된 자유의지와 많은 재능을 가지고, 에덴 동산의 모든 것을 다스리고 누리며 살면서도, 창조주 하나님처럼 될 수 있다는 어리석은 유혹이 다가올 때, "반드시 죽으리라." 경고하시고 정하신 하나님의 규칙, 즉 선과 악의 기준이 되는 창조주 하나님의 말씀을 거역하므로, -- 악을 행함-- 이 땅의 모든 만물들을 다스리고 관리하는 하나님의 동역자로 인정하시며 하나님께서 부여해 주셨던 많은 능력을 잃게 되었고, 에덴 동산에서의 평안한 삶도 잃게 되었으며, 그 죄의 결과로 인해 그의 후손인 인류에게, 수치심과 두려움과 슬픔과 고통이 찾아오게 되었다.

　그의 후손들은 그것에서 벗어나려는 충동에서 생긴, 욕심과 욕망으로 쾌락을 좇아, 거짓과 위선과 분노와 폭력을 서슴지 않는 완악하고, 패역한 인생들이 되었고, 모든 인생들의 앞에는 죽음이 기다리게 된 것이다.

"아담아, 내가 네게 먹지 말라고 명한, 선악을 알게 하는 나무의 열매를 따 먹었느냐?"
"하나님께서 저와 함께하게 하신 여자가 주며 먹으라 하기에, 먹었습니다."

"하와야, 네가 어찌하여 이렇게 하였느냐?"

"뱀이 나를 꾀므로 먹었습니다."

자신의 잘못을 뉘우치지도 않고, 자신의 과오를 인정하지도 않으며 핑계로 일관하는 것은 참으로 얼마나 비겁하고 무책임한 처사인가?

아담과 하와는 자신들에게 명하신 하나님의 말씀을 분명하게 들었음에도, 선악을 알게 하는 나무의 열매를 먹으므로 창조주 하나님의 말씀을 경홀히 여기고 거역했으며, 하나님처럼 될 수 있다는 교만과 착각에 빠져서 그 말씀대로 된다는 것을 믿지 않았음이 아담과 하와가 행한 큰 죄이다.

모든 것을 보고 들으시며 아시는 전능하신 창조주 하나님께서 아담과 하와를 향하여 물으심은, 진심 어린 뉘우침과 그 잘못으로부터의 돌이킴이 이전보다 더 좋은 관계의 회복을 이룰 수 있다고 알려 주시려는 사랑의 부르심은 아니었을까?

오늘날, 전능하신 창조주 하나님의 말씀을 경홀히 여기고 거역하며, 말씀대로 되리라는 것을 믿지 않고 똑같은 피조물임에도 전능하신 창조주 하나님을 사칭하려는 사악하고 교만한 현재의 아담과 하와들을 향하여, 현재를 살아가는 우리에게 하나님께서는 여전히 묻고 계신 것은 아닐까?

"내가 네게 먹지 말라 명한 나무의 열매를 네가 따 먹었느냐?"

이 땅의 모든 백성, 즉 하나님의 형상대로 지음을 받은 사람들은, 지금도 여전히 변함없이 전능하신 창조주 하나님께서, 우리의 생사 화복을 주관하시며 다스리는 분이라는 것을 잊지 말아야 한다.

하나님의 보호 아래 거했던 에덴에서의 모든 평안의 삶이 끝나고, 아담과 하와는 모든 것을 스스로 해결해야만 하는 곳으로 떠나야 했다.

하나님께서는 그 아담과 하와를 위해 친히, 동물의 가죽으로 옷을 지어 입히셨다.

아담과 하와의 후손들

　모세의 기록을 통해 태초에 창조주께서는 사람을 지으실 때, 그분의 형상대로 지으신 사람 앞에 죽음을 두지 않으셨다는 것을 알 수 있다. 그 처음으로 회귀하고 싶은 간절함이 사람들을 더욱 장수에 대한 끊임없는 욕구에 사로잡히게 하는 걸까?

　중국을 호령하던 진나라 시황제는 생명연장을 위해 자신의 나라와, 세계 각처에 사람을 보내 불로장생의 명약을 찾아오라 했다던가?

　위세가 하늘을 찌를 듯하던 그 사람도 창조주 하나님께서 명하신 죽음을 결코 피해 갈 수 없었기에, 결국은 흙이 되어 먼지처럼 스러져 갔다.

　친히 자신의 형상대로 지으신 피조물인 사람을 몹시도 흐뭇하게 바라보시고 사랑으로 보호하시며 동행하셨던 창조주 하나님께서, 아담과 하와의 죄로 인한 부끄러움과 수치를, 친히 빚으셨던 동물의 피 흘리는 죽음을 통해 그 가죽으로 가려 주심 같이, 하나님께서는 죄악에 빠진 모든 인류를 위해 더 크고 놀라우신 계획을 세우셔서 다시 하나님과 동행하며 누리는 에덴의 삶을, 회복할 수 있는 길을 열어 주셨다.

메시아 되신 예수 그리스도를 이 땅에 보내셔서 모든 인류의 죄에 대한 대가를 십자가 위에서 죽으심으로 대신하시고 삼일 만에 다시 부활하게 하심으로, 영원한 하나님의 나라를 소망하며 그 은혜와 사랑을 믿는 믿음으로, 들어갈 수 있게 하신 것이다.

범죄함으로 에덴에서 떠나 다른 땅에 거주하게 된 아담과 하와가 한 몸을 이뤄 동침하므로 가인과 아벨을 낳았으나, 형인 가인이 동생 아벨을 시기하고 미워하며 들에 데리고 나가 죽이므로, 악을 알게 된 사람이 사람을 대해 가장 흉악한 범죄인 살인을 저질렀다. 아벨이 죽고 하나님께서 가인을 쫓아내시어, 척박한 땅을 떠돌아다니며 사람들로부터 외면과 저주를 받게 하시고 죽은 자보다 못한 삶을 살게 하셨지만 떠돌아다니며 만나는 사람들에게 죽임을 당하는 것은 면하게 하셨다.

하나님의 형상대로 지으신 아담과 하와의 후손의 계보가 다음과 같으니, 아담이 다시 아내와 동침하매 하와가 임신하여 아들을 낳아 이름을 '셋'이라 부르니 하나님께서 아벨을 대신해 또 다른 아들을 주셨다 함이었다. 이렇게 아담이 백 삼십 세에 자기모양, 곧 자기형상과 같은 아들을 낳아 이름을 '셋'이라 하였고 이후 팔백 년 동안 아들딸을 낳았으며, 구백 삼십 세를 살고 죽었다.

셋은 백 오 세에 에노스를 낳았고 에노스를 낳은 후 팔백 칠 년을 지내며 아들딸을 낳았으며 구백 십이 세에 죽었고 에노스는 게난을 낳고 팔백 십오 년을 지내며 아들딸을 낳고 구백 오 세에 죽었다.

게난은 칠십 세에 마할랄렐을 낳고 그 후로 팔백 삼십 년을 지내며 아들딸을 낳았으며 구백 십 세를 살고 죽었다.

마할랄렐은 육십 오 세에 야렛을 낳고 그 후 팔백 삼십 년을 지내며 아들딸을 낳았으며 팔백 구십 오 세에 죽었고, 야렛은 백 육십 이 세에 에녹을 낳고 그 후에 팔백 년을 지내며 아들딸을 낳고 살다 구백 육십 이 세에 죽었으며, 에녹은 육십 오 세에 므두셀라를 낳았고, 므두셀라를 낳은 후에 삼백 년 동안 하나님과 함께 살며 아들딸을 더 낳고 살다 삼백 육십 오 세에 동행하시던 하나님께서 데려가심으로 그 땅에 있지 아니하였다. 므두셀라는 백 팔십 칠 세에 라멕을 낳은 다음 칠백 팔십 이 년 동안 살면서 아들딸을 더 낳고 구백 육십 구 년을 살고 죽었으니, 하나님이 지으신 사람의 후손 중에 가장 오랜 세월을 땅 위에 머물다 간 사람이었다.

라멕은 백 팔십 이 세에 아들을 낳고 이름을 노아라 지으며,
"이 아들이 하나님께서 땅을 저주하시므로 수고롭게 일하던 우리
를 한 숨 돌리게 해 주리라." 하고 외쳤다.

라멕이 노아를 낳은 뒤에 오백 구십 오 년 동안 살면서 아들딸
을 더 낳았고, 칠백 칠십 칠 년을 더 살고 죽었다.

노아는 셈과 함과 야벳을 낳았는데 그때 그의 나이가 오백 세
였다.

기독교적 평등에 관한 오해

　같은 그리스도를 믿는 크리스천들임에도 이상한 기준을 가지고, 마치 하나님을 대신해 누군가의 생사여탈권을 쥔 양 교만함과 착각에 빠져 있는 사람들을 볼 때 십자가를 지신 그리스도께서는, 뭐라 하실까 궁금해진다. 우리는 누구나 차별 없이 구원의 대상이며, 하나님의 자녀라 칭함을 받을 권리를 부여 받았다는 것은 누구도 부인할 수 없다. 그러나 우리 각자에게 주신 하나님의 분복은 그 사람이 하나님 앞에서 어떠한 마음과 생각으로, 어떤 모습으로, 어떤 삶을 살았는지, 또 어떤 소망을 가지고 살았는가에 따라 다 달리 주어진다는 것을 명심해야 한다. 누군가의 모든 생사 화복은 하나님이 주시는 것이며, 하나님께서는 그 사람이 받은 분복은 스스로 그것을 경영할 수 있게 하셨기에 누구의 것을 탈취하고 속여 빼앗거나 훔치는 것이, 하나님 보시기에는 악하고 가증한 일이며, 정당한 대가 없이 착취하는 노동력 또한 하나님의 형상대로 지으신 사람에게 행해서는 안 되는 큰 죄인 것이다.

공평하신 하나님은 우리 인생들의 모든 삶 속에, 총량법칙을 정하신 게 아닐까 싶다. 재산이 많음이 행복의 척도인가? 권력과 명예인가? 자녀가 많음인가? 장수인가? 건강함인가?

모든 것을 다 가졌다고 말하는 사람도 그의 삶의 희로애락이 수없이 교차됨을 그 자신이 숨길 수 없음은 하나님의 평안과 보호와 인도하심은 사람의 기준과 다르게 적용되기 때문일 것이다.

인생의 년 수가 강건해야 팔십이라 했다면 누가 자신의 년 수를 정하여 어디까지라 얘기할 수 있는가?

그 또한 하나님의 주권 아래 있음이 분명한데 무조건 부인한다 해서 변할 수도 없으며 부정한다 해서 바뀌지 않는다는 것을 우리 내면 깊은 곳에서 이미 알고 있음에….

피조물인 우리의 생사 화복은 이미 하나님의 주권 아래 있는데, 하나님은 누구를 막론하고 자신의 삶을 건전하고 성실하게 선한 것을 추구하며 자신이 속한 공동체나 삶의 울타리에 속한 자리에서 어떠한 역할과 영향력을 가지고 살았는가에 따라 변화와 발전과 형통과 새롭게 하심의 은혜를 더하심으로 자신들의 삶을 아름답게 경영하며 살아가게 하신 것이다. 또한 하나님의 주권을 인정하고 자신들의 여러 가지 상황들을 가지고 간절한 마음으로 도우심을 구하며 최선의 노력을 기울일 때, 좋으신 하나님은 다양한 방법으로, 우리가 평안과 행복을 누리며 살 수 있는 길로 인도하시며, 지혜와 힘을 주시므로 뛰어넘을 수 있게 하시며, 때로는 놀라운 능력의 역사로 치유와 회복의 은혜를 베푸시는 것이다.

✤ 08 ✤

믿음이란?

하나님을 믿는 믿음은 덫이 아니다. 어떤 특별한 책임도 아니며 무모한 희생을 요구하지 않는다.

이 땅에서 때를 따라 도우시는 하나님의 사랑과 은혜를 신뢰하고, 누리며 감사하고, 성실함과 정직함으로 하나님께서 주시는 지혜와 자신이 받은 달란트를 가지고 자신의 삶을 경영하고 운영해 가며 하나님과 그분의 형상대로 빚은 사람들과 합력하여 선을 이루는 과정이며, 삶의 고백이요, 예수 그리스도의 대속의 은혜로 들어가게 될 새 하늘과 새 땅을 소망 중에 기다리며, 기쁨으로 가는 순례자의 마음인 것이다. 똑같은 피조물이며 같은 성정을 가진 사람은 어느 누구도 하나님처럼 될 수 없다.

지음 받는 같은 피조물인 사람에게 경배하거나 맹목적으로 복종하는 것은 하나님의 주권을 훼손하는 큰 죄이다.

아담과 하와의 범죄로 하나님께서 주관하시고 통치하시는 세상에 불의함과 사악함이 들어와 판치는 것을 노여워하시며, 자기 백성이 무지함으로 하나님의 진노의 잔을 마셔 멸망하게 될 것을 불쌍하게 여기신 하나님께서 여러 선지자와 예언자, 택하여 세우신 사람들을 통하여 친히 우주만물의 창조주 되심과, 범죄한 사람들이 하나님과 다시 관계를 회복하고 이어갈 수 있는 제사와 규범과 규례와 율례와 십계명을 일러주심으로, 죄로 인하여 하나님 앞에 나아갈 수 없는 사람들에게 길을 열어 주셨다.

여러 가지 제사를 통해 희생제물의 피로 자신의 죄를 사함 받게 하셨는데, 사람의 소유의 많고 적음을 따라 제물을 취하여 드리게 하셨다. 많이 가진 자는 소나 염소나 양으로, 적게 자진 자는 비둘기나 새로 혹은 곡식이나 밀가루로 형편을 따라 나아올 수 있게 하셨다.

태초부터 지금까지 또, 미래의 모든 인류의 범죄함으로, 하나님께 나아가고자 드려야 하는 모든 제사의 번제물과 희생제물을 대신하여 자신의 생명을 내주어 친히 속죄제물이 되시려고 오신 이가 바로 메시아이신 예수님이시다.

하나님의 형상대로 지으신 사람들의 죄를 자신의 피 값인 생명으로 대신하여 십자가에 달려 죽으시고 삼일 만에 다시 살아나심으로, 모든 인류를 죄와 죽음에서 건져 내고 부활의 새 생명을 주시려고 친히 사람의 몸으로 오신 하나님이 바로 구원자 이신 예수 그리스도이신 것이다.

그 예수 그리스도를 믿는 믿음으로 누구든지 어떤 번제나 희생제물 없이 하나님께로 나아갈 수 있는 자격을 부여 받게 된 것이다.

출애굽 때에 이스라엘 백성들이 광야를 지나던 40년 동안 밤과 낮을 불과 구름기둥으로 인도하시고 보호하시며, 만나와 메추라기로 먹이시며, 반석에서 물을 내어 목마름을 채워 주시는 많은 기적과 이사를 통한 하나님의 임재를 항상 보면서도 조금만 어려운 상황에 처하게 되면 하나님을 원망하고 불평하며 하나님을 배반하고 우상을 만들어 섬겨 범죄하므로 결국 하나님께서 진노하셨고, 끊임없이 불순종하는 이스라엘 회중 가운데 불 뱀을 보내셨다.

불 뱀에 물린 사람들이 다 죽어가므로 이스라엘을 애굽에서 인도하여 내시려고 세우신 하나님의 종 모세가 백성들을 위해 하나님께 간절히 부르짖었고, 모세의 기도를 들으신 하나님께서 구리 뱀을 만들어 장대 위에 매달라 명하시고 누구든지 고개를 들어 그 구리 뱀을 바라보면 살게 되리라 말씀해 주셨다. 모세는 죽어가는 백성들을 향하여 그 말씀을 큰 소리로 외쳐 전하였고, 뱀에 물려 죽어가는 사람들 중에 모세가 전한 하나님의 말씀을 믿고 고개 들어 장대 위의 구리 뱀을 바라본 사람은 불 뱀으로 인한 죽음으로부터 벗어날 수 있었고 하나님의 말씀을 믿지 않고 장대 위의 구리 뱀을 바라보지 않은 사람은 모두 죽임을 당하였다.

믿음이란, 하나님께서 하나님 되심을 인정하는 것이요, 하나님의 약속의 말씀이 이루어질 것을 순전한 마음으로 믿고 신뢰하며 순종하고 나아가는 것이다.

원수를 사랑하라 하심은

하나님을 믿는 크리스천들도 똑같은 성정을 가진 사람들이다.

하나님을 믿는다고 해서 크리스천들이 하나님처럼 될 수 있는 것도 아니며, 하나님의 능력과 은혜가 함께해 주시지 않는다면, 아무것도 아닌 티끌과 같은 존재들이다.

그러나 모든 만물을 창조하신 하나님과 구원자이신 예수님을 믿는 믿음을 가졌기에 세상의 평안을 바라며, 하나님의 공의와 정의가 이 땅 위에 실현되기를 고대하고, 진실한 마음들이 모여 관계들이 회복되며, 우리의 모든 자녀들이 화목하고 따듯한 가정의 울타리 안에서 보호받고, 아름답게 성장하여 공정하고 바르고 따듯하며, 인정과 존중으로 서로를 배려하고 아끼며, 평안하고 행복한 세상을 이뤄가도록, 소망을 가지고 기도하는 것이다.

그 믿음을 의로 인정하시는 하나님께서는 그러한 크리스천들의 기도와 간구에 응답하여 주심으로 한없이 악으로 달려가는 세상에, 다양한 방법으로 제동을 거시기도 하시고, 징조와 역사하심을 통해 지금도 여전히 창조주 하나님께서, 모든 우주 만물을 통치하시고 섭리하신다는 것을 알게 하시는 것이다.

"원수를 사랑하라"고 하신 예수님의 말씀은 사람들의 이기주의와 비아냥과 어떤 목적에 변질되거나 함부로 인용되어서는 안 된다.

오늘날 너무 쉽게 사랑이라는 말을 남용하다 보니, 그 사랑이라는 말에 포함되어야 하는 진정한 의미들이, 사랑이라고만 하면 무조건 용서하고, 무조건 지지하며, 무조건 참아야 하며, 무조건 이해하고, 무조건 포용해야 된다는 의미로 받아들여야 하는 것처럼 미화되고 포장되어, 사람들의 관계 속에 많은 부작용을 낳고 있음을 안타깝게 생각한다.

참된 사랑은 옳지 않은 것이나 정당하지 않은 것을 요구하거나 맹목적인 희생이나 헌신을 요구하지 않는다.

"원수를 사랑하라"고 하는 이 말씀 때문에 크리스천들도 도전받으며 시험에 빠지거나 슬픔에 잠길 필요가 없다는 것을 말해 주고 싶다.

"원수를 사랑하라"는 이 말씀은, 하나님을 대적하고 온갖 음란과 패역과 불의와 교만과 사악함으로 결국 죽음 앞에 선 원수와 같이 된 우리를, 그럼에도 불구하고 포기하지 않으시고 예수 그리스도를 이 땅에 보내시고, 대속을 위해 죽기까지 우리를 사랑하셨음을 깨닫게 하시기 위한 것이며, 원수로 인하여 사랑하는 하나님의 백성들이 마음의 평안을 잃게 됨을 안타깝게 여기시고 미움으로 자신의 영혼과 육신의 안녕을 무너뜨리지 말라고 당부하신 말씀이요, 누군가를 미워하고 분노할 때, 그 사람의 마음과 영혼이 괴롭게 됨을 아시기에 그 모든 것을 하나님께 의뢰하며 내려 놓아, 그 짐을 벗어 버리라는 위로의 말씀이며, 원수를 사랑할 수 없었었던 우리가 하나님의 사랑으로 위로 받고 치유되고 회복되어서, 그 분노와 미움이 변하여 불쌍히 여기는 마음을 가질 수 있게, 원수를 사랑할 수 있는 데까지 이르도록 도우시고 인도하시며 이끌어 주신다는 약속의 말씀인 것이다.

하나님의 형상대로 지음을 받은 하나님의 백성은 교만과 불의와 사악함과 거짓과 음란과 위선을 미워하고 원수로 여김이 마땅하다.

예수님도 악과 불의를 미워하며 분노하셨고, 당시에 율법주의자들과 사두개인과 바리새파 사람들과 유대 지도자들이 하나님께서 모세를 통해 주신 율법에 자신들이 덧붙인 규율과 규칙을 만들어 그것을 지키지 못하는 사람들과 가난하고 연약한 사람들과 이방인들에게 지나치게 적용하고 판단하여 처벌하는 것과, 자신들의 이익과 권위와 경건함을 드러내기 위해 악용함을 보시고, 그들을 향하여 책망 섞인 말씀으로 하신 말씀이기도 하며, 예수님께서는 하나님의 율법을 올바르게 전하지 않는 그들을 향해 저주도 서슴지 않으셨음을 기억해야 한다.

사랑에는 따듯한 용납과 격려와 지지와 포용과 받아들임과 인정함이 들어있어야 함은 두 말 할 이유가 없겠으나, 사랑에는 진심 어린 교훈과 바르게 함과 견책함으로 하나님께서 미워하시는 악에서 떠나서 의의 길을 가도록 이끌어 줘야 함도 내포되어 있다는 것을 잊지 말아야 한다.

"거룩한 것을 개에게 주지 말며, 너희의 진주를 돼지 앞에 던지지 말라."고 하신 예수님의 말씀은 어쩌면 용서와 사랑도 받을 만한 자에게라야 진정한 가치가 있고, 회개와 변화가 있고, 기적이 일어날 수 있다는 것을 말씀해 주고자 하심은 아니었을까 싶다.

언제든지 우리도 하나님 앞에 그 용서와 사랑을 받을 만한 사람으로 서 있는지를 점검해 보고 예수 그리스도께서 다시 오실 그날까지 믿음으로 승리하는 우리가 되어야 하겠다.

읽은 편지

사랑하는 자녀들아, 여러 가지 난관과 세상풍조 가운데 나를 기다리며, 의의 길을 걸어가기 위해 노력하느라 고생이 많구나.

내가 비록 아버지의 뜻을 따라 십자가를 지며 영문 밖을 걸어갔으나, 나도 그게 결코 쉽지는 않았단다.

장하고 대견한 나의 자녀들아, 선을 행하다 낙심하지 말거라. 모든 것을 아시는 전능하신 아버지께서 반드시 너희의 어려움을 돌보시며 간섭해 주실 거란다.

너희가 환란을 당할 때도 그분을 신뢰하고 부르짖으면, 너희의 모든 멍에를 가볍게 하시고 평안함에 거하도록 도와 주신단다.

그분 앞에 기뻐하고 감사하며 믿음으로 나아가 보거라. 너희의 길을 평탄케 하시고 안전한 길로 인도하시며, 지혜롭게 행하도록 은혜를 주신단다.

나는 아버지의 우편에서 너희의 허물을 사해 주시 길 늘 간청하고 있단다. 아버지의 약속을 따라 양과 같은 너희를 긍휼히 여기시도록….

나의 생명으로 깊이 사랑한 나의 자녀들아, 머지않아 내가 너희를 만나기 위해 갈 터인데, 그때까지 보혜사의 영이 너희를 지키시며 함께할 것이니, 두려워하지 말고 담대함으로, 세상 가운데 너희의 빛을 발하며 신실하고 의롭게 살아가거라.

사랑하는 자녀들아, 내가 생명의 부활로 너희에게 나아 감은 너희의 선한 싸움이 반드시, 승리하게 됨을 보여주고자 함이며, 너희로 담대함을 얻게 하기 위해서란다. 끝까지 너희의 신실함을 잃지 않고 아버지의 뜻을 따라, 선함과 의로 자신의 달려갈 길을 달려간 후에, 다다른 곳에서 내 손을 잡고 돌아가게 될 때에, 내가 아버지의 우편에 앉은 것 같이 세상 속에 빛으로 승리한 너희도 나와 같이 영화로운 자리에 참여하게 된단다.

또한 내가 마지막 날에 심판의 자리에서 세상의 모든 불의와 음란과 악함과 패역과 교만으로 나와 아버지를 부인했던 저들을 정죄할 때에, 너희는 나와 함께 증인이 될 것이니, 저들은 아버지 나라의 영화로운 잔치에서 내쳐짐을 당할 것이며, 반드시 꺼지지 않는 고통의 심연 그 끝없는 형벌 속으로 던져지게 될 것이다.

내가 생명으로 대속한 나의 자녀들아, 서로 얼굴을 마주하고 승리의 개가를 부르며 기쁨으로 만나게 될 때에, 아버지와 함께 세상의 모든 질고를 벗어 버린 새 생명의 몸으로, 영생 복락을 누리며 살게 될 것을 기억하고, 끝까지 나를 따라 의의 길을 가거라.

11

예수 그리스도를
구주로 믿습니까?

크리스천들에게 가장 큰 의미이기도 한, "당신은 정말 예수 그리스도를 믿는가?"라고 누군가 물어볼 때, 기탄없이 "믿어요."라고 대답할 수 있다면, 당신은 행복한 사람입니다.

'나는 정말 그리스도를 믿는가?' 자문하며 또다시 '믿지 믿어 믿네.'라고 확신할 수 있다면 당신은 정말 행복한 사람입니다.

우리의 모든 질고를 대신 지시고 골고다 언덕을 오르셨던 그리스도께서 당신의 모든 질고도 대신 지고 가심으로 당신 또한 그리스도의 사랑으로 인쳐진 구원받은 백성이며, 그 사랑에 이르기까지 그의 백성으로 살아갈 수 있기 때문입니다.

세상 앞에서도 그렇게 당당히 대답을 하시겠지요? 예수님을 따라가는 길이 버겁다고 느낄 때, 세상과 어울려 살아가는 데 불

편해서, 손해 보게 될까 염려될 때, 세상 사람들의 눈 밖에 나게 될까 봐, 그 믿음을 입속으로만 읊조리고 있지는 않으시겠지요?

믿는다고 말하고 주뼛거리면서 당황해하고 있지는 않으시겠지요? 혹시 부끄러워하고 있는 건 아니시겠지요?

우리는 그리스도를 믿는 믿음 안에서 자유하며, 누구의 정죄 아래에도 묶이지 않는 대속의 은혜로, 전능하신 하나님의 계보에 속한 사람들입니다.

그리스도의 고난과 부활을 통하여 사랑으로 인쳐진, 구원받은 백성임을 믿는다면 세상 앞에서도 당당하게, 그리스도를 주라 시인하십시오.

그 날에 그리스도께서도 보좌 우편에서 인자한 미소로, "내가 너를 안다."고 말씀하실 것입니다.

12

윤회설의 모순과 딜레마

지금 이 세상에서 인생을 사는 우리는 얼마만큼의 수행과 공덕을 쌓아야 현재 우리가 누리고 있는 사람으로서의 삶을 다음 생에서도 누릴 수가 있을까?

사람으로서의 삶을 살기 위해 수행과 공덕을 쌓는 억겁의 시간이 필요했다면 이번 생은 티끌이었던 존재, 혹은 뱀과 거미와 개미와 돼지나 소나 염소나 바다와 산과 들의 물고기와 새와 온갖 동식물이, 그 환생의 윤회 속에서 억겁의 시간을 지나며 어떤 수행과 공덕을 쌓아야 다음 생에서 나이거나 당신이거나 부모 형제이거나 자녀들 혹은 다른 이들인 사람으로 인연이 되어 다시 태어날 수 있을까?

다시 태어날 수 있기는 한 걸까? 그 수행과 공덕의 적합함은 누가 판단하며 누가 측정할까?

갖가지 자연과 생명체로 반복되는 생이라는 그 환생과 윤회의 굴레에서 벗어나 해탈의 경지에 이르러 추앙을 받는다는 석가모니, 석가여래, 아미타불, 관세음 보살 등등의 수많은 부처와 보살들은 누가 정한 공덕의 양과 수행과 시간을 통해 윤회를 벗어나 무아의 경지라는 무념무상의 해탈에 이르게 됐을까?

무념무상의 상태가 된들 무슨 의미가 있으며, 그 방법과 기한을 우리에게 알려줄 수는 있을까?

어떤 사람이 이생의 악업으로, 다음 생에 거미나 쇠똥구리나 뱀이나 잡초나 피라미나 노린재나 바퀴벌레로 환생했다면 그 뱀이나 바퀴벌레는 어떤 방법으로 수행과 공덕을 쌓아야 다시 사람으로 태어날 수 있을까?

수천 수만의 그 수를 헤아릴 수 없는 사람을 비롯해서 무수한 동식물과 무기물과 유기물들의 종류마다, 그 수행과 공덕의 방법과 양을 무엇을 기준으로 정하고 측정하여 환생에 어떻게 적용시킬 수 있을까?

그들은 어떤 방법으로 해탈의 경지에 도달해 윤회의 굴레에서 벗어날 수 있을까? 벗어날 수 있기는 한 걸까? 해탈할 수는 있을까?

세상 번뇌를 초월한다 한들 찾아오는 죽음으로부터 벗어날 수 없는 해탈을 위해 속세의 인연을 끊고 산다는 건 무슨 의미가 있을까?

이 수없이 많은 궁금증을 차제에 접어두고, 윤회의 굴레에 등장하는 모든 존재들인 사람과 각종 동물과 나무들과 새들, 물고기와 곤충은 물론 바위나 돌이나 흙이나 심지어는 모든 바이러스나 원소들까지 윤회의 굴레, 그 시작점에 어떻게 나타났을까?

어느 날 갑자기 사람이나 동물이나 새나 물고기나 파충류나 곤충으로, 바위나 돌이나 흙으로, 바이러스나 원소로 등장했다면, 윤회 속에 수행과 공덕을 통해 모든 존재들로 변하여 해탈하거나 환생한다는 것은 처음부터 있을 수도 없었고, 있다 해도 너무나 부당하고 불공평한, 수행과 공덕과 억겁의 세월과는 아무런 관련도 없고 아무 의미가 없는 출발이라고밖에 말할 수 없지 않을까?

처음에 사람을 사람으로, 동물을 동물로, 뱀이나 개구리인 파충류로, 벌이나 메뚜기나 개미인 곤충을 비롯해 그 모든 종류를 정해서 마음대로 출발점에 세웠다면, 수행이나 공덕도 없이 억겁의 세월도 없이 맘대로 정해서 태어나게 했다면, 수행과 공덕과 억겁의 세월로 이어지는 그 모든 존재들에 출생과 윤회를 통한 환생이라는 것은 아무런 연관도 없고 일어날 수도 없다는 얘기 아닐까?

그렇다면 수행이나 공덕이나 억겁의 시간과 인연을 통한 환생이나 해탈을 말하기 전에, 처음부터 사람을 사람으로, 동물을 동물로, 식물로든 무엇으로든지 삶을 시작할 수 있게 하시고 그 모든 존재들을 출발점에 세우신 이름, 그 시작을 분명하게 알려주고 대답해 줄 수 있는 이를, 먼저 찾아봐야 하지 않을까?

함께 살아가야 할 사람들을 외면하고 수행의 길을 택했던 석가모니도 죽음 앞에 홀로 스러져 갔으며, 그를 따르던 그 수많은 수행자들도 결국 죽음을 피해 갈 수 없었기에, "모든 것은 아무것도 아니요, 어디서 왔다가 어디로 가는지 모르며, 산은 산이요, 물은 물이라." 말하지 않았을까?

❖ 13 ❖

창조주 하나님의 관점
(성 정체성에 관하여)

항간에 매체를 통해 보도된 퀴어 축제에 관한 뉴스를 보면서, 안타까운 마음이 들었다.

태초에 창조주 하나님께서는 하나님의 형상대로 사람을 지으시되, 남자와 여자를 지으시고 두 사람이 연합하여 가정을 이룬 후에, 남편은 아내를 자신의 몸과 같이 사랑하고 아내도 남편을 존경하고 사랑하여 서로 존중하고 아끼며 함께 자녀를 낳아 양육하며, 생육하고 번성하여 하나님의 모든 창조물들을 관리하고 보호하며, 활용하고 누리며 살게 하셨다.

또한 창조주 하나님께서는 지으신 모든 사람들에게, 각각의 다양한 재능을 부여하셔서 이 땅 위에 살면서 자신의 다양한 역할과 일로 그 사람의 역량을 발휘하면서 살아가도록 하셨는데, 모

124   제이콥 이야기

양은 물론이거니와 성격이나 성향도 다 다르게 지으셨다.(쌍둥이
도 반드시 다 다름이 있다)

　그러나 인류의 문명이 번성과 쇠퇴를 거듭하는 수많은 세대를
거쳐오면서, 사람들은 남자와 여자의 역할을 정형화하고 남자와
여자의 성격이나 성향도 집단이나 사회 속에 암묵적으로 고착화
시키고, 그것을 토대로 남자는 이래야 하고 여자는 저래야 한다
는 편향된 기준을 적용하게 되었다.

　남자가 섬세하고 예쁜 것을 좋아하고 폭력을 싫어하며 수다 떨
기를 좋아하고 수 놓기를 즐겨한다고 남자가 아닌가? 그저 성격
이 다를 뿐인 것이고, 여자가 활달하고 씩씩하며 격투기를 좋아
하고 힘이 세고 과묵하며 모험과 도전을 즐긴다고 여자가 아닌
가? 그 또한 성향이 다를 뿐인 것이다.

　남자로 태어난 모두는 그가 어떤 성향과 성격을 가졌든지, 창
조주 하나님께서 인정하신 남자이고, 여자로 태어난 모두 또한
어떤 성향과 성격을 가졌든지, 창조주 하나님께서 인정하신 여자
이다.

　하나님께서는 남자로 태어났으면 그 사람은 남자요, 여자로 태
어났으면 그 사람은 여자인 확고하고 분명한 정체성을 부여하신
것이다.

　그럼에도 가정이나 학교나 직장이나 사람들이 모여 사회적 관

계가 이루어지는 곳에서는 여자 같은 남자와 남자 같은 여자라는 편견으로 관계 속에 거리를 두거나 함께 하기를 꺼리거나 배제시키려 하며 따돌림으로, 똑같은 피조물이며 하나님의 형상대로 지음 받은 존귀한 사람들에게 많은 상처를 주는 지경에 이르렀음에, 우리의 이 편견은 기준이 되어서도 안 되고 옳은 것도 아니다.

편견을 가진 우리로 인해 상처받고 배제되고 거리낌이 되고 피해를 입었던 이들이 비슷한 처지의 외로운 사람들을 만나 동정심과 연민을 갖게 되는 것은 어쩌면 인지상정이라고 해야 할까?

그러나 그렇게 안타까움으로 이해하려 한다 하더라도 동성애와 양성애, 그리고 자신에게 주어진 남자와 여자라는 성을 인위적으로 바꾸는 것은 창조주 하나님께서 결코 인정하시지도 용납하시지도 않는 잘못이며, 남자와 여자를 창조하신 전능하신 창조주 하나님의 뜻을 거역하는 큰 죄임을 밝히지 않을 수 없다.

❖ 14 ❖

사도 바울

바울이 예수 그리스도의 복음을 유대인과 이방인들에게 전하기 위해 40에 하나 감한 매를 여러 번 맞기도 하고 옥에 갇히기도 했으며, 돌에 맞기도 하고 죽을 고비도 여러 번 넘기는 많은 고난을 당하였다는 것을 사도행전과 바울의 편지를 통해 우리는 안다.

그리고 사도 바울이 그 고난과 역경 속에서도 성령의 인도하심을 따라 끝까지 많은 지역을 다니며 예수 그리스도에 관한 복음을 전하였고, 그 결과로 많은 유대인과 이방인들이 메시아 예수 그리스도에 대하여 관심을 갖게 되었고, 많은 이방인들을 예수 그리스도를 믿는 믿음의 성도로 세웠다는 것도 안다.

그러나 그러한 사도 바울의 고난의 사역을 모든 성도들도 같이 감당해야 하고, 그것이 모든 그리스도인의 모습이어야 하는 것처럼 이야기해서는 안 된다. 그 이야기를 들으며 그리스도의 복음을 전하기 위해서는 우리도 바울처럼 그런 고난을 받아야 한다거나 그것을 감내해야 된다는 말로 많은 성도들의 마음을 두렵게 하거나 근심하게 해서도 안 된다. 사도 바울의 사역을 잘못 적용하면 오히려 예수 그리스도의 참된 복음을 제대로 받아들이지 못하게 하는 걸림돌이 될 수 있기 때문이다.

오늘날에 많은 이단들이 예수를 믿는 것이 마치 고난을 당하며, 그러한 고난을 당하므로 믿음을 가질 수 있게 되거나 천국에 들어갈 수 있는 것처럼 가르치며, 교주에게 무조건 복종하며, 교주를 위해 목숨을 버리게 하거나, 맹목적인 희생을 하게 하는 데 악용하는 사례들이 있음을 알기에, 더더욱 믿음을 갖거나 전도하는 것이 고난을 담보해야 하는 것처럼 말하는 것은 성령을 근심하게 하는 말이다.

우리들의 목자는 양들을 푸른 초장과 쉴 만한 물가로 인도하시는 분이며, 위험한 길이나 낭떠러지를 피하여 안전한 길이 난 골짜기를 찾을 수 있도록 지팡이를 가지고 인도하시는 분이다.

양이 길을 잃어 위험에 처하거나 맹수에게 물려 가도 목숨을 걸고 구해내는 분이시기에 우리를 위해 생명까지 내어 주셨다.

우리의 목자 되시는 이는 오직 부활하신 예수 그리스도 한 분뿐이시며, 우리의 목자 되신 예수께서는 양들의 고난을 방치해 두시거나, 모른 척하시거나 홀로 겪게 하시지 않는다.

더구나 복음을 위해 나아갈 때에는 더욱 그러하다.

"내게 능력 주시는 자 안에서 내가 모든 것을 할 수 있다."는 말씀을 우리에게 주신 것은 그저 위로하기 위함이 아니다.

그것을 믿는 믿음을 가진 이들에게 때를 따라 도우시는 하나님의 은혜와 하나님의 능력이 함께하심을 보여주시며 체험하게 하시고 때로는 많은 이들이 보게 하셔서, 하나님께서 택하여 세우신 믿음의 사람들이 더 담대한 믿음과 소망을 가지고 여러 가지 은사와 소명을 능히 담당할 수 있도록 해 주신다.

친히 말씀하기도 하시고, 천사들을 앞서 보내기도 하시고, 옥문이 열리게도 하시고, 돕는 이들을 붙여 주기도 하시며, 그렇게 다양한 방법으로 우리의 믿음을 견고히 해 주시고 모든 것을 넉넉히 이길 수 있게 해 주시는 것이다.

바울의 사역을 제대로 받아들이기 위해 우리는 먼저 예수 그리스도를 만나기 전의 바울의 삶을 조명해 볼 필요가 있다.

그는 유대인 중의 유대인이었다.

하나님의 선택을 받아 하나님의 임재와 역사하심을 통해 많은 기적과 이사를 보았고, 만물을 통치하시며 제어하시는 분임도 보았으며, 구원자 메시아가 오리라는 약속의 말씀을 가장 먼저 받은 민족 중에 한 사람이다. 그들은 하나님의 예언의 말씀대로 메시아이신 예수가 오셔서, 하나님과 동등하게 행하시는 놀라운 기적과 이사들을 직접 보았고, 많은 이들을 통해 들었고, 또 친히 증언하셨기 때문에 메시아를 보내 주실 것이라는 하나님의 약속의 말씀이 이루어졌음을 충분히 알 수 있었음에도, 선민이라는 지나친 자부심과 자신들이 누려온 기득권과 권력과 정치적인 이익과 부를 지키기 위해서, 모든 이들의 구주가 되시려고 낮은 대로 오신 메시아 예수를 부인하고 배척하고 핍박하며 죽음으로 내모는 데 앞장섰다. 바울도 그들 중의 한 사람이었다.

하나님의 오묘하신 섭리는 모든 사람들의 삶 속에 늘 작용하고 있다는 것을 깨닫게 될 때, 모든 사람에게 향하신 하나님의 관심과 사랑 또한 공평하시다는 것에 놀라지 않을 수 없다.

바울은 그 과도한 종교적 신념을 가지고 많은 그리스도인들을 옥에 갇히게 하거나 매를 맞아 죽게 하는 일에 앞장섰고, 증인을 서던 사람이었다. 즉, 그리스도인들에게 폭력을 행하던 자요, 살인자이기도 했던 것이다.

그런 바울에게 예수님은 직접 임재하셔서 바울의 행위가 잘못되었음을 지적하셨고, 메시아를 믿는 그리스도인들을 핍박하는 것이 예수님, 곧 하나님을 핍박하는 것임을 분명하게 밝히셨다. 그리고 복음을 위해 받는 그리스도인들의 고난에 개입하셨다.

예수님을 믿는 그리스도인들을 박해하던 바울을 통해 예수 그리스도를 메시아로 인정하게 하셨고, 메시아이신 예수 그리스도께서 이 땅에 오셨음을 많은 유대인과 이방 사람들에게 증거하게 하심으로, 바울과 유대인들에 의해 핍박을 받던 그리스도인들의 믿음을 입증해 주셨다. 사도 바울의 편지 속에는 예수님을 알기 전에 자신이 행했던 잘못에 대한 깊은 반성과 회개의 모습들을 볼 수 있다.

하나님께서는 죄에서 돌이키고 변화된 바울을 사도 바울이 되게 하셨고, 그의 유대 교리와 율법에 관한 해박한 지식을 그리스도의 복음을 전하는 일에 사용하게 하셨다. 하나님께서는 자기 백성을 핍박하고 죽게 한 원수와 같이 된 바울을 용서하시고, 복음의 청지기로 불러서 위대한 전도자로 세우셨고, 하나님 나라를 유업으로 받게 하셨다.

하나님과 그의 아들 예수 그리스도를 믿는 우리는, 가난한 자 같으나 부요한 자요, 연약한 자 같으나 강한자요, 두려워하는 자 같으나 담대한 자요, 넘어지는 자 같으나 일어서는 자요, 아무것도 없는 자 같으나 모든 것을 가진 왕 같은 제사장이요, 하나님 나라를 유업으로 받을 천국의 백성임을 잊어서는 안 된다.

사도행전과 그 많은 바울서신을 통해 현재를 사는 우리가 바울의 그 놀랍고 위대한 전도여행과 이루어 낸 사역들을 보며, 이 시대의 복음사역에 참고하기까지, 그 시대에 많은 그리스도인들이 겪은 슬픔과 아픔과 고난도 잊어서는 안 된다.

사도 바울이 많은 유대인과 이방인들에게 복음을 전해 예수 그리스도를 믿는 믿음의 사람들로 교회를 세울 수 있었던 것은, 바울 때문에 누군가는 목숨을 잃었고, 누군가는 직접 옥에 갇혔으며, 누군가는 매를 맞았으며, 누군가는 쫓겨났을 핍박을 받던 당시의 많은 그리스도인들의 용서와 사랑이 있었기에 가능했던 일이다.

그리스도인들에게, 때로는 시대가, 혹은 체제가, 타락한 권력과 정치가, 혹은 불의한 자들로 인해 고난이 있을 수 있으나, 하나님 께서는 하나님의 자녀들이 복음을 위해 받는 고난을 결코 헛되게 하시지 않는다.

스테판이 돌에 맞아 죽음에 직면해서도 핍박하는 사람들을 위해 기도할 수 있었던 것은 이미 앞서가신 그리스도의 발자취를 따르고자 함도 있었겠지만, 스테판의 고난에 함께하셨던 하나님 께서 스테판으로 하여금 열린 천국문을 볼 수 있도록 역사하셨기 때문이다.

하나님께서는 불의한 자들을 용서와 사랑으로 돌이키도록 하시 지만, 때로는 강력한 징계를 통해 깨닫게 하기도 하시는데 징계의 크고 작음은 그 받는 사람이든지, 회중이든지, 국가든지, 연합이 든지, 그들이 어떻게 하나님의 뜻에 반응을 하는가에 달려 있다.

학대를 받던 이스라엘 민족이 출애굽 할 때에 열 가지 재앙으로 애굽을 징계하셨던 그 전능하신 창조주 하나님께서는 오늘 우리의 하나님이시다. 유대민족은 하나님께서 자신의 뜻을 인류에게 전하기 위하여 가장 먼저 택하신 민족이며, 모든 인류가 그들의 모습을 보고 하나님의 뜻이 무엇이었는지, 무엇이 올바른 선택이었는지 깨닫게 하기 위해 그들이 행하고 선택했던 삶을 가감없이 성경에 기록하게 하셨다.

또한 그들은 전능하신 창조주 하나님의 놀라운 기적과 이사의 산증인이다. 그러나 약속에 말씀이 성취되었음에도 그것을 부정하고 믿지 않은 교만과 이기심 때문에 하나님께서는 그들의 장자됨을 폐하시고, 그 약속의 말씀대로 보내신 구원자 예수 그리스도를 믿는 사람들에게, 그 메시아를 믿는 믿음으로 하나님 나라의 유업을 상속받게 하셨다. 이제 유대인들도 메시아 예수 그리스도를 믿는 믿음으로 구원받을 수 있다. 유대민족은 전능하신 하나님께서 직접 동행하셨던 민족이며 하나님께서 행하셨던 기적과 이사를 가장 많이 보았던 민족이므로, 그들이 복음을 믿게 된다면 어쩌면 다른 문화와 환경 속에서 살아온 민족들보다 더 신실한 믿음을 갖게 될 수 있기에 하나님께서는 그들도 복음을 통해 구원받기를 간절히 원하신다.

전능하신 창조주 하나님의 시간은 천년이 하루 같고 하루가 천년 같은, 우리 인생들의 시간으로는 가늠할 수도 측량할 수도 없지만, 하나님께서는 인류가 범한 죄악으로 인해 반드시 받게 될 종말의 심판을 보류하시고 전 세계로 그리스도의 복음이 전해져 더 많은 민족들이 구원받고 돌아와 하나님 나라 새 하늘과 새 땅 그 아름다운 천국을 유업으로 받게 되기를 오래도록 기다리고 기다리고 계신다.

5장

약속의 무지개

제이콥 이야기

"누가 동방에서 사람을 일깨워서, 공의로 그를 불러 자기 발 아래 이르게 하였느냐? 누가 열국을 그의 앞에 넘겨주며 그가 왕들을 다스리게 하되, 그들이 그의 칼에 티끌 같게 그의 활에 불리는 초개 같게 하매, 그가 그들을 쫓아가서 그의 발로 가보지 못한 길을 안전하게 지났나니, 이 일을 누가 행하였느냐? 누가 이루었느냐? 누가 처음부터 만대를 불러내었느냐? 나 여호와라. 처음에도 나요, 나중에 있을 자에게도 내가 곧 그니라."

아담과 하와의 후손들이 땅에 점점 퍼져 나가고 그 수가 점점 많아질수록, 하나님을 떠나 각기 좋을 대로 행하였다.

그때까지도 하나님의 형상대로 지음 받은 아담과 하와의 후손들은 천 년에 가까운 수명을 누리며 하나님께서 부여하신 능력으로, 하나님께서 지으신 거대한 동물들도 다스리며 제어할 수 있었으나, 하나님께서 남자와 여자를 창조하시고 때가 이를 때에 부모를 떠나서 같이 한 몸을 이루게 하심으로 처음 한 사람 아담과 한 사람의 하와를 지어 보여주신 부부와 가정의 의미를 훼손하고 음란과 패역함으로, 남자들은 자기 눈에 보기 좋은 여자들을 다 취하여 들이고 여자들도 그리하매, 이를 지켜 보시던 창조주 하나님께서 이르시되, "나의 영이 영원히 사람과 함께하지 아니할 것이다. 이는 그들이 동물과 같이 됨이라, 그들의 수명도 백이십 년이 되리라." 하시고 사람의 죄악이 세상에 가득함과 그들의 마음에 생각하는 모든 계획이 항상 악할 뿐임을 보시고 사람 지으셨음을 한탄하셨다.

사랑과 기대하심으로 오래 참으셨던 하나님께서 이에, 땅 위에 지으신 모든 사람과 동물들을 땅 위에서 쓸어버리기로 작정하시고, 하늘의 궁창을 열어 물로 온 지면을 덮어 모든 생명의 호흡을 멈추고자 하셨으나 하나님께서 뜻을 돌이키게 한 한 사람이 있었으니, 바로 셈과 함과 야벳의 아버지요 라멕의 아들인 노아이다.

그는 의인이요 당대에 완전한 자로 하나님과 동행했으며, 하나님께서 그에게 은혜를 베푸시고 하나님의 계획을 친히 일러주심으로, 하나님께서 물로 세상의 모든 생명을 멸하시던 때에, 노아와 그의 가족은 그 멸망 가운데서 생명을 보전하게 되었다.

"노아가 이상해졌다네, 항간에 이상한 소문이 났어. 글쎄 이 멀쩡한 날에 홍수가 날 거라고 외치고 다니면서, 저렇게 어마어마한

배를 만들고 있다니 말이야. 하나님께서 말씀하셨다나 뭐라나."

"그러게나 말이야. 심판은 무슨 심판? 하나님이 이 땅을 물로 쓸어버린다고? 말도 안 되는 얘기지."

"노아야, 전나무로 너를 위해 방주를 만들거라. 내가 홍수를 일으켜 무릇 생명의 기운이 있는 모든 육체를 천하에서 멸절할 것이니, 땅에 있는 것들이 다 죽으리라."

노아는 하나님의 말씀을 믿고 순종하여 하나님께서 일러주신 말씀대로, 전나무로 상, 중, 하 삼층구조로 된 배를 만들고, 칸들을 막아 역청으로 배 안팎을 칠했다. 그리고 먹을 모든 양식도 배에 저축하여 하나님께서 자기에게 명하신 대로 그 모든 일을 다 준행하였다.

"노아야, 너와 네 온 집은 방주로 들어가라. 이 포악한 세대에서 네가 내 앞에 의로움을 내가 보았음이라. 너는 모든 깨끗한 짐승을 종류대로 암컷과 수컷 일곱 쌍씩, 부정한 짐승은 종류대로 암컷과 수컷 두 쌍을 데려오며, 공중의 새도 암컷과 수컷 일곱 쌍을 배에 데리고 들어가 각종 동물의 씨가 온 땅 위에 마르지 않도록 하라. 칠 일이 지나면 내가 사십 주야로 이 땅에 비를 내려, 내가 지은 모든 생물을 땅 위에서 쓸어버릴 것이다."

노아는 아내와 아들들과 며느리들과 함께 홍수를 피해 방주로 들어갔고, 땅 위의 모든 생물이 각기 그 종류대로 정결한 것은 암수 일곱씩, 부정한 것은 암수 두 마리가 노아에게 로 나아와 방주로 들어가니, 여호와 하나님께서 그를 들여보내시고, 방주 문을 닫으셨다. 칠 일 후에 홍수가 땅에 덮이니 노아가 육백 세 되던 해 이월 십칠 일이었다.

큰 깊음의 샘들이 터지며 하늘의 문들이 열려, 사십 일을 밤낮으로 땅에 비가 쏟아졌다.

홍수가 사십 일 동안 계속되매 물이 많아져 방주가 땅에서 떠올랐고, 물이 점점 많아져 땅 위에 넘치니 방주가 물에 떠다녔으며, 물이 땅에 더욱 넘침으로 천하에 높은 산이 다 물에 잠겼다.

물이 더욱 불어서 십오 규빗이나 올라 모든 산이 모습을 보이지 못했고, 땅 위에 움직이는 생물이 다 죽으니, 곧 새와 가축과 들짐승들과 땅에 기는 모든 것과 모든 사람들로 육지에 있어 그 코에 생명의 기운인 호흡이 있는 것은 다 죽임을 당하였다.

그 후로 물이 백 오십 일 동안 땅에 넘쳤고 오직 노아의 방주에 있던 그의 가족과 동물들만이 하나님의 보호 아래 그 생명을 보전할 수 있었다. 그 후 하나님께서 노아와 그의 가족과 그와 함께 방주에 있는 모든 들짐승과 가축들을 위하여 바람을 땅 위에 불게 하시니 물이 줄어들었고, 깊음의 샘과 하늘의 문이 닫히고 하늘에서 비가 그쳤다.

노아가 나이가 육백 일 년이 되는 일월 일일에 노아가 방주 뚜껑을 제치고 보니 땅 위에 물이 걷혔고, 그 후 한 달 스무 엿새가 지나자 땅이 마르니, 하나님께서 노아에게 말씀하셨다.

"노아야, 네 아내와 아들들과 며느리들과 방주에서 나오고 모든 혈육 있는 생물, 곧 새와 가축과 땅에 기는 모든 것을 다 끌어내라. 이것들이 땅에서 생육하고 번성하리라."

노아가 그의 아내와 그의 아들들과 그의 며느리들과 방주에서 나오고, 땅 위의 모든 동물들이 그 종류대로 방주에서 나왔다.

노아가 땅 위에서 여호와 하나님께 제단을 쌓고 정결한 짐승과 정결한 새 중에서 제물을 취하여 하나님께 번제로 제단에 드리매, 그 향기를 받으시고 하나님께서 다짐하셨다.

"사람은 어려서부터 악한 마음을 품기 마련, 다시는 사람 때문에 땅을 저주하지 않으리라. 땅이 있을 동안에는 뿌리는 때와 거두는 때, 추위와 더위와 여름과 겨울과 낮과 밤이 쉬지 않고 오리라."

하나님께서 노아와 그의 아들들에게 복을 내리시며 또 말씀하시되,

"생육하고 번성하여 땅에 충만하라. 들짐승과 땅 위에 새와 땅 위에 기어다니는 길짐승과 바다의 모든 물고기가 다 두려워 떨며 너희의 지배를 받으리라. 또한 살아 움직이는 모든 짐승이 너희의 먹이가 되리라."

"내가 전에는 풀과 곡식을 주었듯이, 이제 이 모든 것을 너희에게 주노라. 그러나 피가 있는 고기를 그대로 먹어서는 안 된다. 피는 곧 그 생명이니 너희의 생명인 피를 흘리게 하는 자에게는 내가 앙갚음하리라. 짐승이면 그 짐승에게, 사람이나 사람의 형제이면 그에게도 내가 생명의 피를 찾아 앙갚음하리라. 사람은 우리의 모습, 즉 창조주의 모습으로 만들어졌나니, 다른 사람의 피를 흘리게 하는 사람은 자기 피도 흘리게 되리라. 너희는 많이 낳고 번성하여 땅에 가득 퍼져 땅을 정복하여라."

"노아야, 이제 나는 너와 너의 후손과 언약을 세우리라. 배 밖으로 나와서 너와 함께 있는 모든 동물들과도 언약을 세울 것이니, 다시는 모든 생물을 홍수로 멸하지 아니할 것이요, 다시는 홍수로 땅을 멸하지 않으리라. 너만이 아니라 너와 함께 지내며 숨쉬는 모든 생물과 나 사이에 대대로 세우는 언약의 증표는 이것이다. 내가 내 무지개를 구름 사이에 둘 것이니, 이것이 나와 세상 사이의 언약의 증거라. 내가 구름으로 땅을 덮을 때 무지개가 구름 속에 나타나면, 내가 나와 너희와 육체를 가진 모든 생물 사이의 영원한 언약을 기억하고, 다시는 물이 홍수가 되어 땅 위의 모든 생물을 쓸어버리지 아니하리라."

6장

신의 문
(너희의 교만을 버리라)

제이콥 이야기

"아니, 이보시게. 지금 뭐라 하는지 하나도 못 알아듣겠구면. 왜 갑자기 이상한 소리를 하는 거야? 내 말을 알아듣기는 하는 거야? 저 사람들은 또 왜 저렇게 이상한 소리를 해? 왜 갑자기 모두들 알 아듣지 못하는 말로 얘기를 하는 거야? 하늘 꼭대기까지 탑을 쌓 자 해 놓고 다들 왜 이러는 거야. 다들 왜 그러는 거냐고, 응?"

　홍수 이후에도 노아는 삼백 오십 년을 더 살아, 구백 오십 년 을 땅 위에 살다가 죽었다. 그 후 노아의 후손인 샘과 함과 야벳 이 오백 년을 더 살면서 생육하고 번성하며 자녀를 낳았다.
　그들의 자손들도 자녀를 낳아 번성하매 땅 위에는 점점 사람들 의 수가 불어났고 그때까지도 땅 위에 번성한 씨족들은, 한가지 말과 언어를 쓰고 있었다. 그들이 함께 동거하며 거주하기 좋은 곳을 찾아 동방으로 옮겨가던 중에, 시날 지방의 한 평지를 만나 거기에 자리를 잡고 거류하며 서로 의논하여 말하되, "자, 우리가 벽돌을 빚어 불에 단단히 구워 내자." 하였다.

이후에 그들은 돌 대신에 벽돌을 쓰게 되었고, 흙 대신에 역청도 쓰게 되었다.

그 후에 또 사람들이 서로 의논하여 이르기를, "자 어서 성읍과 탑을 건설하여 그 꼭대기가 하늘에 닿게 하여 우리 이름을 떨치고, 온 땅 위에 흩어지지 않도록 하자." 하였다.

이는 생육하고 번성하여 땅에 흩어져 땅을 정복하고 땅과 바다와 생물들을 다스리고 관리하며 살도록 하신 창조주 하나님의 말씀을 따르지 않음이라. 여호와 하나님께서 땅에 내려오셔서 사람들이 건설하는 그 도시와 탑을 보시고, "사람들이 한 종족이요, 언어가 같으므로 이 같은 일을 하는 것이다. 이는 우리를 거역하고 멋대로 하고자 하는 일의 시작에 불과 함이라. 땅 위에 사는 사람들의 말을 혼잡하게 하여, 그들이 서로 알아듣지 못하게 하자." 하시고 여호와 하나님께서 거기서 그들의 언어를 나뉘게 하심으로 그들이 도시를 세울 수 없게 되었고, 하나님께서 사람들의 말을 거기서 뒤섞어 놓아, 그들을 온 땅에 흩으셨다 하여 그 도시 이름을 '바벨'이라 불렀으며, 거기에 세워지던 탑을 '바벨탑'이라고 불렀다.

창조주 여호와 하나님을 부인하며 높아지고자 하는 자, 하나님의 형상대로 지음 받은 사람에게 악을 행하는 자, 구원의 진리를 왜곡하여 도둑질하는 자, 구원의 하나님을 사칭하며, 하나님의 형상대로 지음을 받은 사람에게 올무를 놓고, 포악과 횡포를 행하는 자는, 모든 세대를 아울러 징치하시고 지면에서 흩으실 것이라, 전능하신 하나님의 눈이 반드시 찾고 찾으실 것이요, 갚으시는 하나님의 손을 결코 피해 갈 수 없으리라.

7장

아브라함의 선택

노아의 자손

　노아의 아들들 중에 셈의 후손들이 페르시아만 근처 유프라테스 강이 지나는 갈대아 우르에 살고 있었다. 노아의 구대 자손인 데라의 아들들로 세 아들의 이름은 아브람과 나홀과 하란이다.

　그중에 하란은 아들 롯을 낳고 아버지 데라보다 먼저 고향 갈대아인의 우르에서 죽었고, 아브람과 나홀은 장가들었는데, 그중에 아브람의 아내 사래가 임신하지 못하므로 아브람과 사래에게는 자식이 없었다.

　그의 아버지 데라가 그들에게 자식이 없음을 보고, 아브람과 사래 그리고 하란의 아들이요, 아브람의 조카인 롯을 데리고 갈대인의 우르에서 떠나 가나안 땅으로 가다가 먼저 간 아들의 이름과 같은 하란 땅에 이르러 거기에 터를 잡고 살았다. 그 후에 아브람의 아버지 데라도 이백 오 세가 되어 그곳 하란에서 죽었다.

아버지의 장례를 치르고 조카 롯과 함께 하란에 머물러 살고 있던 아브람은 어느 날 여호와 하나님의 임재와 부르심 앞에 서게 되었다.

"아브람아, 너는 너의 고향과 친척과 아버지 집을 떠나서, 내가 네게 보여 줄 땅으로 가라. 내가 너로 큰 민족을 이루게 하고, 네게 복을 주어 네 이름을 창대하게 해 줄 것이니, 너는 복이 될 지라. 너를 축복하는 자에게는 내가 복을 내리고, 너를 저주하는 자에게는 내가 저주할 것이며, 땅의 모든 족속이 너로 말미암아 복을 얻을 것이라."

이에 아브람은 하나님의 말씀에 순종하여 아버지와 함께했으며, 정들고 익숙했던 하란에서의 모든 추억과 지나온 삶을 뒤로하고 하란에서의 모든 소유와 얻는 사람들을 이끌고 하란을 떠나서, 지중해 연안에 있는 가나안으로 향했다. 그때에 아브람의 나이가 칠십 오 세였다.

기나긴 여정 끝에 하나님께서 이르신 대로 아브람이 가나안에 도착하여, 세겜 땅 모레 상수리 나무에 이르렀지만, 그곳에는 가나안 사람들이 거주하고 있었다.

그곳에서 여호와 하나님께서 나타나 이르시되, "아브람아, 이 땅을 네 자손에게 주리라." 하셨다.

그때까지도 자식이 없었던 아브람은 하나님께서 그의 자손이라 하심은 조카 롯이거나 그의 가솔 중에 자신이 신임하는 한 사람이겠지라고 생각하며, 여호와 하나님께서 말씀하신 곳에 여호와 하나님을 위하여 제단을 쌓았다. 그리고 거기서 벧엘 동쪽 산으로 옮겨 장막을 쳤다. 서쪽으로는 벧엘이 있고 동쪽으로는 아이였다.

아브람은 또 그곳에서 하나님께 제단을 쌓고 여호와 하나님의 성호를 부르며 경배하였지만, 가나안에서 점점 남방으로 내려갔고, 아브람은 그 땅에 기근이 들었으므로 기근을 피해 애굽에 거류하려고 그곳으로 내려갔다.

✤ 02 ✤

아브함의 아내 사래

아브람의 아내 사래는 비록 자식을 낳지 못했지만, 용모가 아리따우므로, 애굽이 가까워 오자 아브람은 아내 사래에게 당부했다.

"사래, 내가 보기에 당신은 아름다운 여인이오. 애굽 사람들이 당신이 내 아내라고 하면 나를 죽이고 당신을 차지하려 할지도 모른다오. 그러니 애굽에 도착해 사람들이 물어보면, 당신은 내 누이라 해주시오. 그래야 내가 목숨을 부지할 수 있을 거요."

아브람과 그의 아내 사래가 애굽에 이르렀을 때, 애굽 사람들이 사래의 아리따움을 보았고, 그 소문이 바로 왕의 고관들에게 들린지라, 그들이 와서 사래의 아리따움을 보고 바로 왕 앞에서 입을 모아 칭찬하였다.

"이방에서 아브람이라는 사람이 왔는데, 함께 있는 여인이 몹시 아름다운지라 왕께 아룁니다."

"그 여인의 미색이 그리도 출중하냐?"

"참으로 그러합니다."

"그 이방에서 온 아브람과 함께 있는 여인을 내게로 데려오너라. 내가 그 아름다움을 친히 보리라."

바로의 고관들에게 이끌려 아브람과 사래가 바로의 궁으로 들어가서 바로 앞에 섰더니 그가 사래의 심히 아리따움을 보고, 아브람에게 물었다.

"저 여인은 너와 무슨 이유로 함께 있느냐?"

"제 누이입니다. 저희가 거류하던 땅에 기근이 심하여 기근을 피해 이곳으로 함께 왔습니다."

"여봐라, 저 여인의 오라비를 극진히 대접하고 내가 명하는 대로 예물을 주어라."

아브람이 사래를 누이라 하였으므로 바로 왕이 사래를 자신의 여인으로 맞이하려고 궁에 머물게 하고 아브람에게도 후한 대접을 하였다. 그리고 사래를 아내로 맞이하는 예물로 오라비 아브람에게 양과 소와 노비와 암수 나귀와 낙타까지 선물로 주었다.

그러나 어처구니없는 자신의 잔꾀로 오히려 곤란한 지경에 이른 아브람의 부족한 믿음을 보시고 안타깝게 여기신 여호와 하나님께서 사래의 일로 바로를 책망하시고 그의 집에 재앙을 내리셨다.

"바로야, 사래를 범하지 말라. 사래는 아브람의 아내요, 장차 큰 민족의 어머니가 될 것임이라. 아브람과 사래에게 범죄하지 말라."

바로 왕이 황급히 아브람을 불러들이고 물었다.

"너는 어찌하여 네 아내를 누이라 하였느냐?"

"제 아내가 아리따우므로 사람들이 저를 죽이고 그녀를 차지하려 할까 봐 두려워서 그리하였습니다."

"너의 여호와 하나님께서 내게 이르지 아니하셨으면, 내가 네 아내에게 범죄하여 죽게 되었을 것이다. 너는 즉시 네 아내를 데리고 이곳을 떠나라. 여봐라, 저자와 그의 아내와 함께하는 모든 사람과 소유를 하나도 남김 없이 다 내주어 떠나게 하라. 애굽의 그 누구도 그의 길을 막아서지 말라."

아브람이 애굽에서 그와 그의 아내와 모든 소유와 롯과 함께 그곳을 떠나 네게브로 올라갔다.

네게브로 올라갔던 아브람은 다시 길을 떠나 전에 장막을 쳤던 베델과 아이 사이에 도착했다. 그가 처음으로 제단을 쌓고 여호와 하나님의 이름을 불렀던 곳이었다.

여호와의 약속

"아브람아, 두려워하지 말아라. 나는 네 방패요, 너의 지극히 큰 상급이니라."

"여호와 하나님, 제게 무엇을 주시려 하십니까? 많은 가축과 소유를 주셨으나 저는 자식이 없으며, 조카 롯이 일가를 이루어 저를 떠났으니 이제 저의 신복 중에서 다메섹 사람 아비에셀이 제 상속자가 되리이다. 주께서 제게 씨를 주지 아니하셨으니 제 집에서 태어나 자란 그가 제 상속자입니다."

"아브람아, 그 사람이 네 상속자가 아니라 네게서 난 네 아들이 네 상속자가 되리라."

여호와 하나님께서 아브람을 이끌어 밖으로 나가 말씀하셨다.

"아브람아, 하늘을 올려다보아라. 하늘에 떠 있는 저 뭇별들을 네가 셀 수 있겠느냐? 네게서 난 자손들의 수가 이와 같으리라."

아브람이 여호와의 말씀을 믿으니, 하나님께서 그 믿음을 의로 여기시고 아브람에게 이르시기를, "나는 이 땅을 네게 주어 네 소유를 삼게 하려고 너를 갈대아인의 우르에서 이끌어 낸 네 하나님 여호와라." 하셨다.

"하나님, 제가 이 땅을 차지하리란 것을 무엇으로 알 수 있겠습니까?"

"너는 삼 년 된 암소와 삼 년 된 암염소와 삼 년 된 숫양과 산비둘기와 집비둘기 한 마리를 내게로 가져와 내가 이르는 대로 제단 위에 놓거라. 내가 네게 약속의 증거를 보여 주리라."

아브람은 여호와의 말씀을 따라 소와 염소와 숫양을 잡아다가 반으로 쪼개고 그 쪼갠 것을 짝을 맞추어 마주 놓았다. 그러나 산비둘기와 집비둘기 한 마리를 잡아 쪼개지 아니하고 그대로 두자 솔개들이 그 위에 날아오르므로 아브람이 그것을 쫓고 있었다.

해 질 때에 아브람에게 깊은 잠이 임하고 큰 흑 암 속에 두려움에 잠겨 있을 때 여호와 하나님께서 아브람에게 이르시되, "너는 반드시 알라. 네 자손이 이방에서 객이 되어 그들을 섬기겠고, 그들은 사백 년 동안 네 자손을 괴롭히리라. 그러나 네 자손을 부리고 압제하던 나라는 내가 징벌할 것이다. 그 후에 네 자손이 큰 재물을 이끌고 나오리라. 너는 장수하다가 평안히 조상에게로 돌아가 장사될 것이요, 네 자손은 사대 만에 이 땅으로

돌아오리니, 이는 아모리 족속의 죄악이 아직 가득 차지 아니함
이라." 하시더니, 해가 져서 깜깜해지자 연기를 뿜는 가마가 나타
나고 활활 타는 횃불이 쪼개 놓은 짐승들 사이로 지나갔다.

❖ 04 ❖

하갈의 임신

아브람은 여호와 하나님께서 몇 차례에 걸쳐 후손을 주신다고 약속하셨지만, 인생의 년 수가 늘어 감에 따라 하나님의 약속에 대한 신뢰가 희미해져 가고 막연한 기다림에 대한 의구심과 불안함에 결국 아내의 요청대로 사래의 여종 애굽 사람 하갈을 취하매 하갈이 임신하였다. 그토록 오랜 세월 임신하기를 간절히 원했던 사래가 모든 것을 포기하고 여종 하갈을 아브람에게 들이자, 하갈이 그렇게도 빨리 임신을 하였으니, 누구라서 인생들을 향한 하나님의 섭리하심을 다 헤아릴 수 있으리요마는 한 가지 분명한 것은 여호와 하나님의 긍휼은 누구에게나 차별이 없으시다는 것이다. 여주인의 뜻에 따라 팔십 오 세의 연로한 아브람을 맞은 하갈도 하나님께서는 외면하지 않으셨다. 다만, 하나님의 약속의 말씀을 버리고 선택한 사람들의 계획과 방법에 대해 그 믿음 없음

7장 아브라함의 선택　　159

을 안타까워하시며 침묵하시지만, 그 결과에 대한 책임은 스스로 담당하게 하심으로 사람들의 편협하고 근시안적인 방법이 얼마나 많은 문제를 불러오게 되는지 깨닫게 하신다.

"아브람, 하갈이 임신하더니 나를 얼마나 무시하고 멸시하는지 몰라요. 내가 당신을 위해 내 여종을 당신 품에 안겼는데 내가 이런 모욕을 받게 되다니, 아브람 당신과 나 사이에 여호와 하나님께서 판단해 주시기를 원해요."

"사래, 하갈은 당신의 여종이고 당신 수중에 있으니, 당신이 좋을 대로 하시오."

사래가 남편의 말을 듣고 하갈을 학대하자 하갈이 사래를 피해 도망쳤다. 도망치는 하갈을 여호와의 사자가 광야의 술 길 샘물 곁에서 부르셨다.

"사래의 여종 하갈아, 네가 어디서 와서 어디로 가려 하느냐?"

"내 여주인 사래의 낯을 피하여 도망가고 있습니다."

"네 여주인에게 돌아가서 그 수하에 복종하거라. 내가 네 씨도 크게 번성하여 그 수가 많아 셀 수 없게 하리라. 네가 임신하였으니 아들을 낳을 텐데 그 이름을 이스마엘이라 부르거라. 여호와 하나님께서 네 고통을 들으셨다. 그가 사람 중에 들나귀 같이 될 것이며, 그의 손이 모든 사람을 치겠고, 모든 사람의 손이 그를 칠 것이며, 그가 모든 형제를 대항해서 살리라."

아브라함이 된 아브람

아브람이 구십구 세 때에 여호와 하나님께서 아브람에게 다시 찾아오셨다.

"나는 전능한 하나님이라, 너는 내 앞에서 행하여 완전하라. 내가 내 언약을 나와 너 사이에 두어 너를 크게 번성하게 하리라."

아브람이 여호와 앞에 엎드리자, 또 그에게 이르셨다.

"보라 내 언약이 너와 함께 있으니, 너는 여러 민족의 아버지가 되리라. 이제 후로는 네 이름을 '아브람'이라 하지 않고 '아브라함'이라 할 것이니, 내가 너를 여러 민족의 아버지가 되게 할 것이다."

"내가 너로 심히 번성하게 할 것이니, 내가 네게서 민족들이 나게 하며 왕들이 네게로부터 나오리라. 내가 너와 네 후손에게 네가 거류하는 이 땅, 곧 가나안 온 땅을 주어 영원한 언약을 삼고 너와 네 후손의 하나님이 되리라. 그런즉 너는 내 언약을 지키고 네 후손에게 대대로 지키게 하라. 아브라함아, 네 아내 사래도 사래라 하지 말고 '사라'라 하라. 내가 그에게 복을 주어 그가 네게 아들을 낳아 주게 하며, 그에게 복을 주어 그를 민족의 어머니가 되게 할 것이다. 민족의 여러 왕이 그에게서 나리라."

아브라함은 엎드려 하나님의 말씀을 듣다가 웃으며, 마음속으로 생각했다.

'내 나이가 곧 백 세인데 백 세 된 사람이 어찌 자식을 낳을까? 사라는 구십 세니 어찌 출산하리요?'

그리고 사라의 여종에게서 낳은 이스마엘을 생각하며, 하나님께 아뢰었다.

"이스마엘이나 하나님 앞에서 살기를 원하나이다."

"아니다. 네 아내 사라가 네게 아들을 낳을 것이니, 너는 그 이름을 '이삭'이라 하라. 내가 그와 내 언약을 세울 것이다. 그의 후손에게 영원한 언약이 되리라."

아브라함에게 약속의 말씀을 주시고 얼마 지나지 않아서 여호와께서 모레 상수리 나무들이 있는 곳으로 아브라함에게 오시매, 날이 뜨거워 장막 문에 앉아 있던 아브라함은 맞은 편에 서 있는 하나님의 사자들을 보고 달려가 영접하며 몸을 낮춰 땅에 엎드렸다.

"주여, 제가 주께 은혜를 입었사오면 종을 떠나지 마시고 제가 물을 가져오겠사오니 당신들의 발을 씻으시고 나무 아래 쉬시면 제가 떡을 가져오겠사오니 드시고 마음을 상쾌하게 하신 후에, 지나가소서."

"네 말대로 그리 하라."

아브라함은 급히 장막 안으로 들어갔다. 그리고 급히 아내 사라가 고운 가루로 만든 떡과 가축 떼에서 잡은 좋은 송아지로 만든 요리와 엉긴 젖과 우유를 하나님의 사자들 앞에 차려 내었다. 그리고 그들이 나무 밑에서 먹는 동안 곁에서 시중을 들었다.

"네 아내 사라가 어디 있느냐?"

"장막 안에 있습니다."

"내년 봄 새싹이 돋아날 무렵 내가 너를 다시 찾아올 텐데, 그 때 네 아내 사라는 아들을 낳았겠구나."

사라가 그 이야기를 아브라함이 등지고 있는 장막 문 어귀에서 엿듣고 있었다. 아브라함과 사라는 이미 나이가 많아 늙었고 사라에게는 생리가 끊어졌으므로 사라는 그 이야기를 듣고 웃었다.

"아브라함아, 장막 문에서 사라가 다 늙은 몸으로, 어떻게 아기를 낳겠냐고 웃는구나. 나는 전능한 여호와라, 내가 능히 이루지 못할 일이 있겠느냐? 기한이 차서 내가 네게로 돌아올 때, 사라에게 아들이 있으리라."

사라는 겁이 나서 웃지 않았다고 했지만 하나님께서는 사라에게 말씀하셨다. "아니다. 네가 웃었느니라."

✤ 06 ✤

여호와의 심판

    그 후 아브라함은 소돔이 내려다보이는 곳까지 여호와의 사자들을 전송하기 위해 함께 갔는데 그때 여호와께서 아브라함에게 말씀하셨다.

    "내가 하려는 것을 아브라함에게 숨길 수가 없구나. 아브라함은 강대한 나라가 되고, 천하 만민이 아브라함으로 말미암아 복을 받고 내가 아브라함으로 하여금 그의 자손과 권속들에게 나의 옳고 바른 일을 지시하여 나의 가르침을 지키게 하려고 뽑아 세웠고 아브라함과 약속한 것을 이루어 주어야 할 터인데, 내 일을 숨기지 않고 말해 줘야 하겠다. 소돔과 고모라에서 들려오는 아우성을 내가 이대로 듣고 있을 수가 없구나. 또 너무나 그 죄악이 무거우니 이제 내가 내려가서 그 모든 행한 것과 내게 들린 부르짖음을 따라 심판하려 한다."

여호와의 사자들이 소돔을 향해 가고, 아브라함은 하나님 앞에 서 있더니, 하나님께 가까이 나아가 아뢰었다.

"여호와 하나님께서는 의인과 악인을 함께 멸하려 하십니까? 저 도시 안에 죄 없는 사람 오십 명이 있어도, 그곳을 멸하실 건지요? 그 오십 인을 위해서 용서해 주십시오. 주께서 의인과 악인을 함께 죽이심은 부당하며, 의인과 악인을 같이 생각하심도 부당합니다. 온 세상을 심판하시는 이가 공정하셔야 되지 않습니까?"

"아브라함아, 내가 만일 소돔 성읍 가운데서 의인 오십 명을 찾으면, 그들을 위해서 온 지역을 용서하겠다."

아브라함이 대답하며 다시 하나님께 아뢰었다.

"저는 티끌이나 재와 같으나 감히 주께 아뢰겠습니다. 의인 오십 명 중에 다섯 명이 부족하다면, 그 다섯 명이 부족하므로 온 성을 멸하실 것입니까?"

"거기서 사십 오 명을 찾으면 멸하지 않을 것이다."

"거기서 사십 명을 찾으시면 어찌하려 하십니까?"

"내가 그 사십 명을 보고 멸하지 아니하리라."

"내 주여, 노하지 마소서. 제가 다시 여쭈어 보겠습니다. 거기서 삼십 명을 찾으시면 어찌하려 하십니까?"

"내가 거기서 삼십 명을 찾으면 그리하지 아니하리라."

"감히 내 주께 아룁니다. 거기서 이십 명을 찾으시면 어찌하려

하십니까?"

"내가 이십 명으로 말미암아 그리하지 않겠다."

"주는 노하지 마소서. 제가 한 번만 더 아뢰겠습니다. 거기서 열 명을 찾으시면 어찌하려 하십니까?"

"내가 거기서 의인 열 명을 찾으면 그들로 말미암아 멸하지 아니하리라."

✤ 07 ✤

사라의 득남

"사라가 아들을 낳았다네, 아들을 낳았대."

"어떻게 그런 일이…. 나이가 구십인데 어떻게 그런 일이 있을 수 있는가?"

"그러게나 말이야. 사라의 장막에서 아기 울음소리가 들릴 줄 누가 상상이나 할 수 있었나? 정말 놀라운 일이야."

"하갈이 낳은 이스마엘이 대를 이을 줄 알았더니 그거 참."

"하나님께서 아브라함에게 약속을 하셨다네. 아내 사라가 임신하여 아들을 낳을 것이니 사라가 낳은 아들이 상속자가 되리라고 말이야."

여호와 하나님께서 아브라함에게 약속하신 말씀대로 사라를 돌보시고 말씀하신 대로 사라에게 행하시므로 구십 세의 사라가 임신하여 아브라함에게 아들을 낳았다. 아브라함은 그에게 태어난 아들,

곧 사라가 자기에게 낳은 아들을 '이삭'이라 이름하였고, 이삭이 태어난 지 팔일 만에 하나님의 말씀을 따라 이삭에게 할례를 행했다.

사라가 하나님께 감사하며 이르기를 "하나님께서 나를 웃게 하시니 듣는 자가 다 나와 함께 우스리로다. 사라가 자식들을 젖먹이겠다고 누가 아브라함에게 말하였을까마는 아브라함의 노경에 내가 아들을 낳았도다." 하였으니 그녀의 아들이 이로 인해 '이삭'이라 불리게 되었다.

모든 인생들의 생사 화복이 여호와 하나님께 속하였으며, 시작과 끝을 주관하시는 분도 여호와 하나님이시기에, 아브라함은 하나님의 약속을 믿고 의뢰하며 하나님 앞에서 행하므로 하나님의 놀라운 계획과 역사하심을 직접 보았고, 들었으며, 체험하게 되었다.

어쩌면 인생이란, 수없이 주어지는 크고 작은 일들 속에 무엇을 선택하며 살아야 하는지를 알아가는 학습의 장이 아닐까?

때론 후회로, 때론 뿌듯함으로, 때론 의아함으로 반문하며, 함께 가는 다른 이들의 삶을 들여다보기도 하면서, 배우고 깨우쳐 가는….

하나님께서는 하나님의 인도하심을 따라 하나님의 말씀과 계획에 부응하는 삶을 살아간 아브라함의 일생을 통해 여호와 하나님께서 모든 피조물의 주관자이시며 심판자가 되심을 명확하게 밝히셨다.

믿음의 조상이라고 일컬어지는 아브라함의 삶을 성경에 기록하게 하시며 아브라함이 백 세의 나이에 독자 이삭을 얻기까지, 하나님께서 그의 삶 가운데 얼마나 많은 도우심과 기적과 큰 능력을 베풀어 주셨는지, 그를 얼마나 사랑하셨는지, 언약의 말씀은 반드시 이루어 주시는 분인지를 보여주심으로 아브라함이 믿음을 가지고 하나님의 말씀에 순종하여 독자 이삭을 데리고 모리아산에 오를 수 있게 하셨고, 무에서 유를 창조하시고 불가능한 일을 가능케 하시고 죽은 자를 살리실 수 있는 전능하신 하나님이심을 보았던 아브라함이 이삭이 자신의 대를 이을 상속자가 되게 하신다는 약속의 말씀을 신뢰하며, '번제 드릴 어린 양은 하나님께서 친히 준비하시리라.'는 믿음의 고백을 할 수 있게 하셨던 것이다.

아브라함에게 그리하셨던 전능하신 창조주 여호와 하나님께서, 오늘 우리의 하나님이신 것이다. 믿음이 없고 부족하여 기회를 따라 언제든지 제 길로 가는 어리석은 우리를 끊임없이 그 사랑과 인도하심으로 포기하지 않으시고, 우리의 믿음이 장성한 분량에 이르도록 가르치고, 보여 주시고, 경험하게 하시며 우리가 믿음을 가지고 하나님을 바라보고 다시 하나님의 보호와 도우심과 인도하심 안에 거하며 살게 하시고 세상의 모든 것을 뛰어넘어 약속의 땅 가나안 그 건너편 본향으로 우리를 평안히 걸어가게 하시는 것이다.

아버지 아브라함

하나님께 제사 드리려고 산에 오르면서 번제에 쓸 나무 장작만 메고 가며 말없이 걷기만 하는 아버지 아브라함 곁에서 한편으로는 걱정되기도 하고, 한편으로는 너무나 궁금해서 이삭은 까만 눈동자를 반짝이며 아버지께 여쭈어 보았다.

"아버지, 번제에 쓸 불과 나무는 있는데 하나님께 드릴 번제물은 어디 있어요?"

이삭의 말을 듣고 잠시 아들의 얼굴을 찬찬히 바라보던 아브라함은 이삭의 두 어깨를 다독이며 대답했다.

"아들아, 걱정하지 말아라. 번제 드릴 어린 양은 하나님께서 자기를 위해, 친히 준비하실 테니."

함께 간 사람들을 뒤에 머물게 하고 아브라함은 이삭과 단둘이서 산에 올라 하나님께서 일러주신 곳에 이르러 그곳에 제단을 쌓고, 그 위에 나무를 벌여 놓았다. 그리고 겁먹은 얼굴로 아버지를 바라보는 아들 이삭을 결박하여 제단 나무 위에 올려놓고, 그때까지도 침묵하시는 하나님께 맘속으로 간절히 기도하며 이삭을 번제로 드리기 위해 아브라함은 손을 내밀어 칼을 높이 들었다.

"아브라함아, 아브라함아."

그때에 급히 부르시는 하나님의 음성을 듣고 아브라함은 손에 든 칼을 내리고 대답했다.

"주 여호와여, 제가 여기 있습니다. 주님의 말씀대로 제 아들 이삭을 이 제단 위에 번제물로 두었습니다."

"아브라함아, 네 아들 독자 이삭에게 아무것도 하지 말라. 아브라함아, 내가 네게 약속으로 준 네 아들을, 내가 번제로 받겠느냐? 네가 네 아들 독자 이삭을 우상과 같이 여겨 넘어질까 하여 너를 시험하였으나 내가 네 믿음을 보았고 너의 간구를 들었다."

아브라함은 하나님의 말씀을 듣고 제단 위에 결박되어 놀란 얼굴로 아버지를 바라보는 이삭을 내려 빠르게 결박을 풀고 품에 끌어안았다. 이삭을 품에 안은 아브라함의 눈에는 뜨거운 눈물이 흘러내렸다.

"아들아, 하나님께서 내 노년에 약속하신 말씀대로 너를 내게 주시고 오늘 또 너를 내게 되돌려주셨구나."

격앙된 마음을 추스르고 주변을 살펴보던 아브라함의 눈에 수

풀에 뿔이 걸린 채 서 있는 숫양 한 마리가 보였다. 아브라함은 그 숫양을 가져다가 이삭을 대신하여 하나님께 번제를 드렸다.

그리고 자신의 간절한 고백과 기도를 들어주신 하나님께 감사하며 그 땅의 이름을 '여호와 이레'라고 하였다.

'여호와 하나님께서 준비하시리라.'

❖ 09 ❖

사라의 장사

 사라가 백 이십 칠 세를 향수하였으니 이는 사라가 이 땅에서 누린 햇수라, 사라가 가나안 땅 헤브론 곧 기럇아르바에서 죽었다.

 하나님의 부르심으로 이 땅에서의 순례의 길이 끝나면, 뉘라서 되돌릴 수 있겠으며, 뉘라서 머무를 수 있을까?

 우리는 각자에게 주어진 한정된 시간의 행로에서 자신의 삶의 자리에 어떤 흔적을 남기고 가야 할까?

 사라의 죽음을 슬퍼하며 애통하던 아브라함은 모레 앞 막벨라에 있는 에브론의 밭과 거기에 속한 굴과 그 밭의 주위에 둘린 모든 나무를 은 사백 세겔을 주고 사서 그 가나안 땅 마므레 앞 막벨라 굴에 아내 사라를 장사하였다. 아브라함도 나이가 많아 늙었으므로 아브라함은 자신의 고향 족속에게로 사람을 보내 아들 이삭의 아내를 데려오게 하였다.

아브라함의 부탁을 받은 종복의 기도를 들으신 하나님께서 수월하게 만나는 복을 주심으로 나홀의 아들 부두엘의 딸 리브가를 가나안으로 데려오매 그녀가 이삭의 아내가 되었다.

후에 임신하지 못하는 아내를 위해 이삭이 여호와께 간구하매, 그의 간구를 들으신 하나님께서 리브가의 태중에, 쌍둥이를 임신하게 하시고, "두 국민이 네 태중에 있구나. 두 민족이 네 복중에서부터 나뉘리라. 이 족속은 저 족속보다 강하겠고 큰 자가 어린 자를 섬기리라." 하였으니, 바로 에서와 야곱(제이콥)을 말씀하시는 것이었다.

이삭이 아버지의 뜻을 따라 리브가와 가정을 이룬 후에, 아브라함이 나이가 높고 늙어서 기운이 다하여 죽어 자기 열조에게로 돌아가니 아브라함의 향년이 백 칠십 오 세라. 그의 아들들인 이삭과 이스마엘이 그를 마므레 앞 소할 사람 에브론의 밭에 있는 막벨라 굴에 장사하였다.

그곳은 아브라함이 아내 사라를 장사하기 위해 헷 족속에게 산 밭이라, 아브라함과 그의 아내 사라가 그곳에 장사되었다.

8장

막간
(천국에서 만나보자)

제이콥 이야기

무서운 불 칼을 든 천사가 천국 문 앞을 지키고 있는데, 한 사람이 팔을 내두르며 당당한 걸음으로 문안으로 들어섰다.

　"예수님, 접니다."

　"글쎄, 자네가 누구더라?"

　"접니다. 저 모 아무개. 예수님, 저를 몰라 보시다니 섭섭합니다. 하나님을 위해 얼마나 바쁘게 열심히 살아왔는데, 저를 모르시다니요? 유명한 교회 다니면서, 봉사협회 이사장도 하고, 자선단체 위원장도 하고, 고위 공직자로 정말 가치 있는 삶을 살았는데 저를 모르시다니…. 예수님, 접니다. 저 모 아무개."

　"글쎄, 정말 대단한 사람인가 본데, 내 천국의 명부에는 네 이름이 없구나."

　"에이, 그럴 리가요? 제가 예수님 이름으로 선행도 하고 봉사하며 헌금도 하고, 새벽기도 다니고, 주일 성수하고, 교회를 위해서, 얼마나 많은 일을 했는데요. 그런 제가 명부에 없다고 하시니, 정말 서운합니다. 분명 착오가 있을 거예요."

"그런데 예수님, 저기 저 사람은 어떻게 예수님 곁에 있는지 모르겠네요. 예수님 믿는다고 하면서 사느라 바쁘다고 교회 일도 잘 못 하고, 예배 시간도 다 참석 못 하고 헌금도 눈곱만큼 하고, 새벽예배 나와서 기도도 많이 못 하고, 별 가치도 없는 일을 하는 세상 쓸모없는 사람이던데, 어떻게 예수님 곁에 있는 겁니까? 분명 저랑 뒤바뀌는 착오가 있을 거예요."

"가치? 글쎄다…. 네가 내 이름을 부른다마는 너는 내가 필요 없이 잘 살았구나. 네가 좋을 대로 네 의를 따라 살고, 네가 정한 가치를 좇아 살고, 네가 판단하며 네 기준대로 평가하고, 네 방법대로 해결하고, 그런 방법으로 세상 사람들로부터 인정받고, 칭찬도 받고, 대접받았으니 좋았을 거 아니냐, 그럼 됐지. 내 곁에 있는 이 사람은 네가 보기에는 연약하고, 부족하고 쓸모없고, 볼품없어 보일지 몰라도 내게는 귀하고 소중한 사람이다. 늘 나와 동행하려고 노력했거든. 언제 어디서나 내게 감사하고, 기도하고, 온 마음을 다해 내게 예배하며, 내 얘기를 귀 기울여 듣고 내 뜻을 따라 살려고 애쓰며, 내 백성들의 아픔과 슬픔에 함께 기도하고, 늘 그들의 평안과 회복을 위해 기도하고, 온전한 하나님의 나라가 이뤄지기를 기도하며, 의의 길을 가기 위해 노력하더구나. 그뿐인 줄 아니? 내가 내 생명을 다해 자신을 구원한 하나님인 것을 믿고 신뢰하며 나를 사랑하고, 감사하며 기뻐하는

데, 내가 약속대로 그 믿음을 의로 인정해 주는 것이 당연한 것 아니니? 그러니 나와 함께 내 나라에 살 자격이 충분하지."

"참, 내가 세상에 그런 자들이 많이 있다고는 들었다. 내 이름 내세워 위선 떨고, 사기 치고, 판단하고, 차별하고, 호의호식하고, 심지어는 내 몸 된 교회를 위한다는 핑계로, 내 백성들에게 포악한 흉계를 꾸며 몹쓸 짓도 서슴지 않는 무리들이 있다고… 내가 자신들만의 하나님인 양 교회 문 앞을 가로막고 자격을 운운하며 그렇게 가증을 떠는 무리들도 있다는구나. 내가 분명하게 다시 말해야 되겠구나. 내가 장차 친히 너희에게 이를 때에는 그들이 내 이름을 아무리 외쳐 부르더라도 그들은 내 심판의 목소리를 듣게 될 것이다."

"너희가 나와 무슨 상관이 있느냐? 불법을 행하는 자들아, 내게서 멀리 떠나가라. 문밖에서 슬피 울며 이를 갈게 되리라."

"모 아무개야, 나는 네가 누구인지 도무지 알 수 없고, 여기 천국 명부에도 네 이름이 없으니… 여봐라, 저자를 당장 쫓아내어 다시는 천국 문 앞에 서지 못하게 하고, 밖에서 슬피 울며 이를 갈게 하여라."

예전에 나는 영화 '밀양'을 보고 그 영화를 제작한 감독을 얼마나 비난했는지 모른다. 크리스천들에 대해서 어떻게 그렇게 악의

적인 편견과 선입견을 가지고 영화를 만들 수 있을까 분개하며, 당장 쫓아가서 따지고 싶었지만 못했고, 내내 마음이 찜찜해 있었던 적이 있다.

그런데 그때 그 감독의 눈에 비춰진 크리스천들의 모습이 오늘 하나님을 믿는다고 하고 예수 그리스도를 구주로 믿는다고 하는 사람들 중에 있는 것은 아닐까 하여 마음이 답답해진다.

잘못을 저지르고 잘못을 뉘우치거나 부끄러워함도 없이, 예수를 믿는다고만 하면 다 해결되는 것처럼 행동하는 사람들 때문에, 그리스도의 복음이 왜곡될까 근심하며 안타깝게 생각한다.

예수를 믿는 믿음의 자녀들은 예수 그리스도의 대속의 은혜와 그 사랑을 믿는 믿음으로 구원받을 수 있지만, 하나님께서는 크리스천들에게도 이 땅에 살면서 자신이 행한 선과 악에 대한 보응을 그 사람의 삶 속에서 그가 담당하도록 하셨다는 것을 성경의 많은 사건들을 통해 가르쳐 주셨고 그것을 받게 되는 시와 때를 하나님께서 정하셨다는 것을 분명하게 알려 주셨다.

아브라함에게 그리하셨고, 제이콥에게도 그리하셨고, 다윗에게도 모세에게도, 이스라엘의 많은 왕들에게도 그리하심으로 분명하게 알려 주셨는데, 우리가 그들보다 큰 자이겠는가?

골고다 언덕에서 예수님과 함께 십자가형을 받은 강도 중의 한 사람이 예수님을 조롱하는 다른 강도를 꾸짖고 예수님께 구할 때, "네가 오늘 나와 낙원에 있으리라."고 하신 예수님의 말씀을 놓고 분분한 의견들에 대해 분명히 말하지만, 예수님께서는 강도가 땅에서 자신이 지은 죄로 받고 있는 십자가 형벌을 면하게 해주신다고 말씀하지 않으셨다. 그가 자신은 십자가 형벌을 받음이 마땅하다고 인정하고 뉘우치며, 예수 그리스도께서는 죄 없이 이 땅의 모든 죄인들을 위해 죽으심을 믿음으로 그도 예수님의 대속에 은혜를 받아 새 하늘과 새 땅, 곧 천국을 기업으로 얻게 된 것이다.

가끔 세상에서 멋대로 살다가 죽을 때 가서 예수를 믿으면 되지 않느냐고 말하는 이들을 보면 안타까운 마음이 든다. 강도는 십자가 형벌 중에 자기 죽음을 눈앞에 두고 예수님을 만나 회개하고 믿음으로 구원을 받게 되었다지만, 예수를 믿으라는 말에 죽을 때 가서 믿겠다고 말하는 이들에게는 꼭 말해 주고 싶다.

누가 하나님이 정하신 죽음 앞에 자신의 때를 알아 회개하고 예수님을 만나 천국을 기업으로 얻을 수 있다 장담할 수 있겠는가?

9장

부름 받은 기드온

하나님의 뜻을 따라 이스라엘을 애굽에서 인도하여 낸 위대한 지도자 모세와 그의 뒤를 이어받아 이스라엘을 가나안에 정착하도록 이끌었던 여호수아가 죽고, 몇몇 사사들이 일어나 하나님께 의뢰하며 이스라엘을 이끌어 가려 했으나, 백성들이 각기 자기의 소견에 옳은 대로 행하는 혼돈의 시기를 맞게 된다.

애굽 사람들의 학대와 핍박으로 절망 속에 부르짖던 이스라엘 민족을 많은 기적과 이사를 행하시며 구원해 주셨던 하나님. 홍해와 요단강을 마른 땅 같이 건너게 하시며 광야를 지나는 동안에도 만나와 메추라기로 배불리 먹이시고 바위에서 물을 내어 흡족하게 하셨던 하나님. 젖과 꿀이 흐르는 가나안 땅을 기업으로 주시며, 그 땅을 차지하게 하셨던 하나님.

그 하나님의 목전에서 이스라엘 자손들이 또 악을 행하므로, 하나님께서는 칠 년 동안 그들을 버려두셨다. 그로 인해 이스라엘은 정복해야 할 미디안 사람들에게 오히려 침략을 당하여 쫓기는 처지로 산에 웅덩이와 굴과 산성을 만들어 거주하게 되었고, 미다안과 아말렉과 동방 사람들이 치러 올라와서 토지 소산과 가축들을 모두 훼손하고 죽이므로 그들의 궁핍함이 이루 말할 수 없게 되었다.

이스라엘 자손들은 신앙의 형체는 있었으나 실상은 하나님을 외면하고 대적하며 이미 세상의 많은 것들과 벗하여 바알을 비롯한 많은 우상들을 들여와 절하며 자식들을 불 가운데로 지나게 하고 제물로 바치는 흉악한 죄도 서슴지 않음으로 하나님께서 진노하사 미디안의 손으로 그들을 치시니, 이스라엘 자손들이 미디안의 횡포로 고통이 날로 심하게 되어 결국 하나님께 부르짖게 되었다. 하나님께서는 그들의 부르짖음을 들으시고 한 선지자를 보내서서 그를 통해 이스라엘의 곤궁함과 괴로움이 그들의 죄 때문임을 알게 하셨다.

"여러분들이여! 하나님께서 이같이 전하라 하셨 소. 하나님께서 애굽 사람의 손과 우리를 학대하는 모든 자들의 손에서 우리를 건져 내시고 그 땅을 우리에게 주셨으며, 전능하신 하나님께서 우리의 여호와 하나님이 되시는데, 우리가 거주하는 아모리 사람의 땅에 신들을 두려워하지 말라 하였으나, 우리가 하나님의 목소리를 듣지 아니하였다 말씀하셨습니다."

그 후 하나님을 향하여 이스라엘 자손들의 부르짖음이 더욱 간절하게 된 어느 날, 적국의 침략으로 극심한 궁핍함에 처해, 희망을 잃고 슬퍼하며 숨겨두었던 밀을 포도주 틀에다 몰래 타작하고 있던 아비에셀 사람 요하스의 아들 기드온에게, 하나님의 사자가 나타나 말했다.

"큰 용사여! 하나님께서 너와 함께 계시도다."

"어찌 저에게 그리 말씀하십니까? 하나님께서 우리와 함께 계셨다면 우리가 이와 같이 참혹한 처지가 되도록 버려두셨겠습니까? 우리 조상들의 얘기를 듣기로는 여호와 하나님은 많은 기적과 이사를 통해 우리를 애굽에서 구원해 주셨다고 했는데, 이제는 하나님께서 우리를 버리사 미디안의 손에 넘겨주셨습니다."

"기드온아, 이제 내가 너를 부른 것이 아니냐? 너는 가서 너의 힘으로 이스라엘을 미디안의 손에서 구원하라."

"어찌 저에게 그리 말씀하시는지요? 제게 무슨 힘이 있어 이스라엘을 미디안의 손에서 구원하리이까? 저희 집은 므낫세 지파 중에서도 지극히 약하고, 저는 제 아버지 집에서도 가장 작은 자입니다."

"내가 반드시 너와 함께할 것이다. 네가 미디안 사람 치기를 한 사람 치듯 하리라."

"하나님께서 정말 그렇게 해 주실 거라면 확실한 표징을 보고 싶습니다. 제가 하나님께 드릴 예물을 가지고 여기와서 드리기까지 이곳에 계셔 주세요."

"네가 돌아오기까지 이곳에 머물러 있을 테니 염려하지 말아라."

기드온은 황급히 집 안으로 들어가 새끼염소 한 마리를 준비하고 가루 한 에바로 무교병을 만들고 고기는 소쿠리에 담고 국은 커다란 통에 담아 상수리 나무 아래 기드온을 기다리고 있는 하나님의 사자 앞으로 가져갔다.

"기드온아, 고기와 무교병을 가져다가, 이 바위 위에 놓고 국을 부어라."

하나님의 사자가 이르는 대로 기드온이 예물을 바위 위에 놓고 국을 붓자, 하나님의 사자가 손에 잡은 지팡이를 내밀어 고기와 무교병에 대니, 불이 바위에서 나와 고기와 무교병을 모두 태웠고, 하나님의 사자는 보이지 않았다.

"어쩌면 좋단 말입니까? 하나님의 사자를 대면하여 보았으니 제가 죽게 되었습니다."

놀란 기드온이 자리에 주저앉아 슬프게 탄식하였더니, 하나님의 음성이 들려왔다.

"기드온아, 내가 너를 부른 것이 아니냐? 너는 안심하고 두려워하지 말아라. 죽지 아니하리라."

기드온은 그 말씀을 듣고 기쁜 마음으로 하나님을 위하여 거기에 제단을 쌓고 그것을 '여호와 샬롬'이라 하였다.

그날 밤 하나님께서 다시 기드온을 부르셨다.

"기드온아, 네 아버지에게 있는 칠년 된 수소를 끌고 가서, 네 아버지에게 있는 바알의 제단을 헐어버리고, 그 제단 옆에 아세라 상을 찍어 버려라. 그리고 네 구원의 하나님 여호와를 위하여 이 산성 꼭대기에, 규례대로 한 제단을 쌓고, 네가 찍은 아세라 목상으로 번제를 드리거라."

아버지 가문의 사람들과 성읍 사람들이 그것을 알게 될까 두려운 기드온은 밤에 열 사람의 일꾼을 데리고 가서 바알 제단을 헐어버리고 아세라 목상을 찍어 하나님께 번제를 드렸다.

"우리 성읍에 어떻게 이 망측하고 불경스러운 일이 일어났소? 도대체 누구의 소행이란 말이오?"

아침 일찍 일어나 그 광경을 본 성읍 사람들은 분노하여, 온 성읍을 돌며 캐어 물어 결국 요아스의 아들 기드온이 행한 일임을 알게 되었다.

"요아스, 당신의 아들 기드온을 당장 끌어 내시 오. 우리들의 바알 신 제단을 파괴하고, 그 곁에 아세라 목상까지 찍어버렸으니, 그놈이 죽어 마땅한 짓을 저질렀소. 어서 기드온을 내놓으시오."

기드온의 아버지 요아스가 그 모든 일을 보고 아우성치는 성읍 사람들을 향해 크게 꾸짖었다.

"당신들은 바알을 위해 이리 난동을 부리며 다투시는 거요? 당신들이 바알을 구원하겠소이다. 바알을 위해 내 아들을 해하려는 자는 아침까지 죽임을 당할 것이오. 바알이 과연 신이라면 내 아들이 그의 제단을 파괴하고 아세라를 찍었으니, 바알이 저를 위해 스스로 내 아들과 다툴 것 아니겠소. 그러니 다들 돌아가시오."

그날에 기드온은 사람들에게 '여룹바알'이라 불렸다. 이는 '그가 바알의 제단을 파괴하였으니 바알이 저를 위해 스스로 그와 다툴 것이라.' 함이었다.

그 일이 있고 얼마 지나지 않아서 미디안과 아말렉과 동방 사람들이 다 함께 모여 이스라엘 자손을 멸하려고 요단강을 건너와서 이스르엘 골짜기에 진을 쳤다.

여호와 하나님의 능력이 이스라엘의 기드온에게 임하시매, 기드온이 나팔을 불자 아비에셀이 그의 뒤를 따라 부름을 받았고, 기드온이 전령을 온 므낫세에 두루 보내니 그들이 모여서 기드온을 따랐고, 아셀과 스블론과 납달리에도 전령들을 보내었더니, 그 무리들도 올라와 기드온을 영접하였다.

이스라엘 자손들이 기드온을 따라 전쟁하고자 모였으나 전쟁을 앞에 둔 기드온은 두려운 마음으로 하나님께서 자신을 통해 이루고자 하시는 일에 대해 분명한 대답을 듣고 싶었다.

"이미 말씀하심 같이 제 손을 통해 이스라엘을 구원하고자 하셨으니, 하나님, 제가 양털 한 뭉치를 타작 마당에 두겠습니다. 만일 이슬이 양털에만 있고 주변 땅은 말랐으면, 제 손으로 이스라엘을 구원하심이 하나님의 뜻인지 알겠습니다."

기드온이 하나님께 아뢴 대로 타작 마당에 양털 한 뭉치를 두고 이튿날 아침에 보니, 주변 땅은 말랐고 양털 뭉치는 이슬에 흠뻑 젖어 물을 짜니 그릇에 가득 채워졌다.

그럼에도 기드온은 간절한 마음으로 한 번 더 하나님께 여쭈었다.

"이번만 더 말씀드리겠습니다. 하나님, 노여워 마시고 들어 주소서. 이번에는 양털만 마르게 하시고, 주변 땅은 이슬로 다 젖어 있게 해 주소서."

그 밤에 하나님께서 기드온의 말대로 행하셨는데, 양털은 말랐고 그 주변의 땅은 다 이슬에 젖어 있었다.

이에 기드온은 하나님께서 자신의 손을 통해, 이스라엘을 구원해 주실 것을 확신하며 그를 따르는 모든 백성과 일찍 일어나 하롯 샘 곁에 진을 쳤다.

"기드온아, 이대로는 미디안을 너희 손에 넘겨줄 수가 없구나."

"하나님, 그게 무슨 말씀이신지요? 제 손을 통해 미디안을 치신다 하심이 주의 뜻이 아니란 말씀이십니까?"

"기드온아, 내가 네 손을 들어 미디안을 쳐서 전쟁을 이기고 난 후에 너희 수가 많으면, 자기들의 손으로 미디안을 치고 그들을 굴복시켰다고, 이 백성이 스스로 높아져서 말할 것이다."

"그러면 어찌해야 하겠습니까?"

"너와 함께한 사람들에게 큰 소리로 외쳐서 누구든지 두려워 떠는 사람은 다 길르앗 산을 떠나 집으로 돌아가게 하여라."

기드온이 하나님 말씀대로 외치자 만 이천 명의 무리가 하나, 둘 떠나 그들의 처소로 돌아가고 만 명의 사람들이 남았다.

그들을 보시고 하나님께서 또 기드온에게 말씀하셨다.

"기드온아, 남아 있는 백성이 아직도 많구나. 그들을 인도해 물 가로 내려가거라. 내가 너를 위하여 저들을 시험하리라."

기드온이 하나님의 말씀대로 백성들을 물가로 인도하자, 어떤 사람들은 엎드려 손에 물을 떠서 개가 물을 핥음 같이 물을 핥으면서 물을 마시고 어떤 사람은 무릎을 꿇고 손으로 물을 떠올려 마셨다.

'기드온아, 물을 핥아 먹은 삼백 명으로 너희를 구원하며, 미디안을 네 손에 넘겨줄 것이다. 남은 백성은 다 각기 처소로 돌려보내거라."

기드온이 하나님께서 이르시는 대로 남은 백성을 다 돌려보내고, 함께할 삼백 명을 머물러 있게 하였다. 골짜기 아래 진을 치고 있는 미디안과 전쟁을 하기에는 비교할 수조차 없는 너무나 적은 수의 백성들이 기드온과 남아 있게 된 것이다.

그날 밤에 여호와 하나님께서 기드온을 부르셨다.

"기드온아, 일어나 미디안 진영으로 내려가거라. 내가 그것을 네 손에 넘겨주었다."

"저 혼자 가란 말씀이신지요?"

"기드온아, 혼자 가기가 두려우면 네 부하 부라를 데리고 미디안 진영에 내려가서 그들이 무슨 말을 하는지 들어 보아라. 그후에 네 손이 강해져서 미디안을 치러 내려가게 되리라."

기드온은 하나님의 말씀을 따라 부하 부라를 데리고 미디안 군대가 있는 진영 근처로 내려갔다. 숨어서 조심스럽게 그들을 살펴보던 기드온 앞에는 그 수를 헤아릴 수조차 없는 수많은 미디안과 아말렉과 동방 사람들이 마치 메뚜기 떼가 골짜기를 뒤덮은 것 같이 누워있고, 그들의 낙타도 해변의 모래처럼 많이 있었다.

기드온이 떨리는 마음을 진정시키며 부하를 데리고 좀 더 깊숙이 그들에게 다가가 조심스럽게 동정을 살피고 있는데, 근처에서 한 적군 병사가 친구에게 꿈 이야기를 하는 소리가 들렸다.

"이보게, 내가 이상한 꿈을 꿨어. 꿈에 보리떡 한 덩어리가 우리 미디안 진영으로 굴러 들어오지 뭔가? 그러더니 그것이 우리 천막으로 달려들어 천막을 쳐서 뒤엎자, 천막이 그냥 힘없이 쓰러지고 말더라고…"

"아이고, 어쩌면 좋은가? 그것은 분명 이스라엘 사람 요아스의 아들 기드온의 칼일 거야. 이스라엘의 하나님이 미디안과 이 모든 진영을 기드온의 손에 붙이셨나 보네."

숨을 죽이고 그들의 꿈과 해몽 얘기를 듣던 기드온은 부라와 함께 재빠르게 미디안 진영을 빠져나와 감사한 맘으로 하나님께 경배를 드리고 이스라엘 진영으로 돌아가 사람들을 깨웠다.

"다들 일어나시오. 여호와 하나님께서 미디안과 그 모든 진영을 우리 손에 넘겨 주셨으니, 어서들 일어나시오."

기드온은 잠에서 깬 삼백 명을 세 대로 나누고 한 사람 한 사람에게 뿔 나팔 하나와 횃불이 든 빈 단지 하나씩을 주었다.

"자, 용사들이여! 내가 적진으로 다가가 어찌하는지 지켜보다가 내가 하는 대로 따라 하시오. 내가 본진을 이끌고 적진 가까이 가서 부대가 나와 함께 나팔을 불면, 나머지 두 부대도 적진을 둘러싸고 있다가 나팔을 불며 '여호와 만세. 기드온 만세!' 하고 큰소리로 외치시오."

다른 두 부대원들도 자신의 지휘를 따르도록 단단히 군령을 내리고, 기드온은 부대원 백 명을 데리고 앞서서 미디안 진영을 향해 내려갔다.

그들이 미디안 진영에 도착한 때는 한밤중이라 보초가 막 교대를 마친 시간이었다. 기드온과 부대원들이 먼저 미디안 진영 앞에서 나팔을 불며 손에 든 단지를 깨뜨리자 뒤따르던 부대원들도 미디안 진영을 둘러싸고 나팔을 불며 단지를 깨트렸다.

세 부대가 모두 나팔을 불며 단지를 깨트려, 왼손에 횃불을 들고 오른손으로 나팔을 불고, "여호와 만세! 기드온 만세!"를 외치며 적진을 향해 굳게 서서 움직이지 않았다. 그러자 미디안과 온 진영의 병사들이 혼비백산하여, 갈팡질팡 아우성을 치며 도망하기 시작했다.

삼백 명의 군대가 나팔을 불며 서 있는 동안 여호와 하나님께서 미디안을 치시므로 미디안 진영의 병사들이 자기들끼리 서로 칼을 휘둘러 죽이니, 이스라엘의 적국 미디안과 아말렉과 동방 사람들의 허다한 병사들이 죽임을 당하고 그들의 많은 병사들은 벳시타와 아벨므홀라 냇가까지 도망하였다. 미디안과 아말렉과 동방사람들이 크게 패하여 남은 병사들이 사방으로 흩어져 도망하므로, 납달리와 아셀과 므낫세 지파 백성들이 기드온의 소집을 받고, 함께 미디안을 추격하였다. 그리고 산악지대에 사는 에브라임도 기드온의 전갈을 받았다.

"형제들이여, 하나님께서 미디안을 우리 손에 붙이셨으니, 이제 내려와서 미디안을 진멸합시다. 미디안의 패잔병들을 앞질러 벳바라에 이르기까지 요단강 나루를 모두 점령하십시오."

기드온의 소집령을 받고 에브라임 사람들도 모두 몰려와 벳바라에 이르기까지 요단강 나루를 점령하고 그곳에서 미디안의 방백 스렙과 오렙을 잡아 요단강 건너편에서 삼백 명의 군대를 이끌고 미디안 왕들을 추격하는 기드온 앞으로 그들의 목을 가져

왔다.

"기드온, 이렇게 큰 전쟁에 왜 우리를 부르지 않았소? 우리를 그렇게 하찮게 대접하다니…. 이스라엘에서 이게 있을 수 있는 일이오? 무슨 속셈으로 우리를 빼고 전쟁을 하였소? 우리에게 돌아올 분 깃을 모두 차지하려고 그랬던 것이오?"

"그게 무슨 말씀들이십니까? 제가 하나님의 부르심을 받아 전쟁을 이끌었다 하나 에브라임이 이스라엘에서 받는 모든 신망과 권위가 저와 비교되겠습니까? 더군다나 하나님께서 미디안 방백 스렙과 오렙을 누구 손에 넘기셨습니까? 여러분 에브라임에 넘기셨으니, 그 공이 훨씬 크지 않겠습니까? 그러니 오해하지 마시고 진정들 하십시오."

기드온이 에브라임을 향해 간곡히 말하매 그들의 노여움이 풀렸다.

에브라임 사람들과 언쟁을 끝내고 함께하는 삼백 명과 요단강을 건너서 다시 미디안의 왕들을 추격하던 기드온은 숙곳에 이르러 지치고 피곤하므로 그곳 사람들에게 도움을 요청했다.

"우리가 도망친 미디안 왕 세바와 살문나를 뒤쫓고 있는 중이오. 계속 추격하다 보니 우리가 지금 너무 피곤하고 배가 고픈데, 나와 이 병사들에게 먹을 것을 좀 주시오."

"우리보고 그 소리를 믿으란 말이오? 어마어마한 미디안의 왕들이 고작 당신과 이 하찮은 군대에게 쫓기고 있다고? 그걸 우리 보고 믿으란 소리요? 그래 어디 그들의 손이라도 잘랐는지 보여 줘 보시오? 그게 아니라면 당장 여기를 떠나시오. 나중에 우리가 미디안에게 무슨 봉변을 당하려고 당신들에게 떡을 준단 말이오?"

기드온은 자신을 조롱하는 숙곳 사람들을 향해 분명하게 말했다.

"여호와 하나님께서 세바와 살문나를 내 손에 넘겨주신 후에 내가 돌아와 들가시와 찔레로 이곳 사람들을 반드시 징벌할 것이오."

기드온이 자신을 외면하는 숙곳을 떠나 브누엘로 가서 그들에게도 도움을 청했지만 그들도 숙곳 사람들과 같이 기드온을 조롱하며, 기드온과 부대원들에게 아무것도 내어 주질 않았다.

"여호와 하나님께서 오늘 내 손을 들어 미디안의 왕들을 치실 텐데, 내가 그들을 붙잡은 후에는 브누엘의 망대를 완전히 헐어 버리고 이곳도 치리라."

기드온과 함께하는 삼백 명의 이스라엘군에게 쫓겨 도망가던 미디안의 왕 세바와 살문나는 동방사람들 십 삼만 오천 명 중에 살아남은 만 오천 명쯤 되는 군대와 갈골에 진을 쳤다.

그들이 멀리 떨어진 갈골에 군집하여 겨우 안도하면서 숨을 돌리고 있는데, 기드온이 부하들과 노바와 욕부하 동쪽 장막에 거주하는 목동들의 길로 쫓아가서 그들을 따라잡아 공격하였다.

응전할 겨를도 없이 습격을 당한 세바와 살문나는 또다시 도망쳤지만 결국 뒤를 추격한 기드온에게 사로잡히고 말았다.

남은 미디안 진영을 모두 격파한 기드온은 헤레스 고개를 넘어 사로잡은 왕들을 끌고 돌아오다가 숙곳 사람 중에 한 소년을 붙잡아 심문하였다. 기드온은 소년이 적어준 숙곳 방백들과 장로들 칠십 칠 명의 명단을 가지고 숙곳 성에 이르러, 성읍 사람들을 모두 불러 모았다.

"숙곳 백성들아, 전에 우리가 기진하여 먹을 것을 달라 하였더니, 너희가 오히려 나를 희롱하며 세바와 살문나가 어디 있느냐 하였던, 그 세바와 살문나를 하나님께서 오늘 내 손에 붙이셨느니라. 너희가 두려워하던 미디안의 왕 세바와 살문나가, 여기 내 손안에 있으니 똑똑히 보거라."

기드온은 자신과 이스라엘군을 조롱하며 쫓아냈던 숙곳 성읍의 방백과 장로들을 붙잡아 들가시와 찔레를 베어다가 그들을 찢어 징벌하였다. 그리고 숙곳 사람들처럼 기드온과 그의 군대를 멸시하고 냉대했던 브누엘 성 망대를 헐어 버리고 그곳 사람들을 쳐서 브누엘 성읍을 모두 파괴하였다.

그 일이 끝난 후에 기드온은 사로잡은 세바와 살문나에게 물었다.

"너희가 다볼에서 죽인 사람들은 어떤 사람들이었느냐?"

"그들은 너와 같아서 하나같이 왕자들의 모습과 같은 사람들이었다."

그 대답을 들은 기드온은 격앙된 목소리로 말했다.

"그들은 내 형제들이며 내 어머니의 아들들이다. 여호와의 살아 계심을 두고 맹세하지만, 너희가 만일 그들을 살렸더라면 나도 너희를 죽이지 아니하였으리라."

기드온은 침통한 얼굴로 곁에 있던 맏아들 예델에게 그들을 죽이라 명령하였지만, 예델은 아직 어린 소년이어서 두려움에 그들을 죽이려고 칼을 빼지 못했다.

그것을 보고 세바와 살문나가 기드온에게 말했다.

"우리가 어찌 어린아이 손에 죽을까? 차라리 네 손에 죽는 것이 낫지 않겠느냐?"

그 말을 듣고 기드온이 일어나 칼을 빼서 세바와 살문나를 죽이고 그들이 타던 낙타 목에 있는 초승달 장식을 떼어냈다.

미디안이 패망하므로 전쟁이 모두 끝나고, 이스라엘 사람들이 기드온에게 찾아와 말했다.

"기드온, 당신이 우리를 미디안 사람들의 손에서 구원하셨으니, 당신과 당신의 자자손손이 우리를 다스려 주십시오."

그런 이스라엘 사람들을 향해 기드온은 분명하고 확실하게 대답했다.

"그런 말씀들 하지 마십시오. 내가 미디안과 싸워 이겼다 하나, 이는 여호와 하나님께서 내 손을 들어 치셨고, 하나님의 도우심과 인도하심을 인함인데, 내가 어찌 여러분을 다스리겠습니까? 나는 여러분을 다스리지 않을 것이지만, 내 자손들도 여러분을 다스리지 않을 것이오. 오직 여호와 하나님께서 이스라엘을 다스리실 것입니다. 다만, 내가 여러분에게 한 가지 청하고자 함은, 전쟁에서 탈취한 금 귀고리들을 모아 주시오. 그러면 내가 그것으로 하나님 앞에 나아갈 때 입는 에봇을 하나 만들겠소이다."

기드온의 말을 듣고 이스라엘 백성들은 미디안을 치고 얻은 전리품 중에 금으로 된 장신구들을 즐거운 마음으로 기드온에게 가져오니, 기드온이 요청한 금 귀고리의 무게가 천 칠백 세겔이요, 초승달 장식과 각종 패물과 왕들의 자색 옷과 낙타 목에 걸었던 사슬들이었다. 기드온은 하나님의 역사하심을 기억하게 하고자, 그 금으로 에봇 하나를 만들어 자기 성읍 오브라에 두었다.

그러나 이스라엘 사람들이 그 에봇을 향해 경배하고 섬기며, 그것을 음란하게 위하므로 오히려 기드온과 그의 집에 우상을 둠과 같았다. 그러함에도 여호와 하나님께서 그 후 기드온이 사는 사십 년 동안, 미디안이 이스라엘 앞에 복종하여 다시는 머리를 들지 못하게 하심으로 이스라엘 사람들과 그 땅이 평온하였다.